U0741978

ZHONGXIAOXUE XUEKE
KECHENG JIAOXUE SHISHI CELÜE YANJIU

中小学学科课程教学实施策略研究

高有华◎著

安徽师范大学出版社
·芜湖·

责任编辑：潘　安
责任校对：何章艳
装帧设计：张　玲
责任印制：桑国磊

图书在版编目（CIP）数据

中小学学科课程教学实施策略研究 / 高有华著 . —芜湖：安徽师范大学出版社，2020.1
ISBN 978-7-5676-4471-7

Ⅰ.①中… Ⅱ.①高… Ⅲ.①课程－教学研究－中小学 Ⅳ.①G632.3

中国版本图书馆CIP数据核字（2019）第275370号

中小学学科课程教学实施策略研究

高有华◎著

出版发行：安徽师范大学出版社
　　　　　芜湖市九华南路189号安徽师范大学花津校区
网　　址：http：//www.ahnupress.com/
发 行 部：0553-3883578　5910327　5910310（传真）
印　　刷：江苏凤凰数码印务有限公司
版　　次：2020年1月第1版
印　　次：2020年1月第1次印刷
规　　格：700 mm ×1000 mm　1/16
印　　张：11.25
字　　数：200 千字
书　　号：ISBN 978-7-5676-4471-7
定　　价：42.00元

自　序

20世纪50—60年代,西方一些国家花费巨资设计的课程计划并没有得到很好的实施,由此引发人们对课程改革过程的深入研究和系统反思,课程实施问题逐渐成为人们关注的焦点。

70年代以后,课程实施研究成为课程与教学研究中的重要领域。随着课程理论研究的深入,人们越来越认识到课程实施的重要性。

课程实施的含义包含两个方面:

一是将课程实施归入课程变革的研究范畴,认为课程实施是将课程变革付诸实践的过程,并将课程实施作为课程开发与编制的环节之一,认为课程实施就是实施课程计划的过程。由此,本书将课程理念的确立、课程内容的标准、教材内容的选编等作为重要研究内容。

二是认为课程实质上就是实践形态的教育,课程实施实际上也就是教学。认为教学过程是对课程计划的实施过程,凡是依照教育主管部门颁布的课程标准进行的教学就是正常化的教学。由此,本书将基础教育中小学、初中和高中阶段的核心课程,如语文课程、英语课程的教学方法,纳入研究内容。

课程实施的发展有其规律:

在价值取向上,倾向于选择创生取向,就是把课程实施过程看成是师生在具体情境中联合缔造新的教育经验的过程。

在课程实施的主体上,师生成为主体。在课程实施的策略上,提倡相互作用教学策略,主张在教师和学生之间、学生和学生之间进行交流和对话,讨论是经常使用的教学方法。

在课程实施的教学类型上,主张建立起教学—亲密型师生关系,提倡"唤起型"教学类型和"转变论"教学类型。前者力图使学生自己去发现知识。后者则把学生看成是自己在教学过程中的伙伴，与学生共同分享权力和一起承担责任。本书尽量体现这些先进的教育教学理念。

课程实施会受到课程本身的性质、学校和社会环境等因素的影响，表现出复杂而综合的特征。对课程实施进行深入而细致的研究，将有利于及时发现课程实施中的问题，可以完善课程理论，有助于进一步改革创新。

高有华

二〇一九年八月八日

目　录

第一章　中小学学科课程实施概述

课程实施是指课程计划付诸实践的过程。它是达到预期课程目标的基本途径，是课程改革过程的一个实质性阶段，是课程开发过程中一个重要环节。课程实施是实现预期课程目标的重要手段。

一、课程实施的含义

"课程实施"中的"实施"，其意近似于"贯彻""履行""完成"等。实施的对象显然是新的课程改革措施、课程方案等。课程实施一般是将课程实施看做是将革新思想转变为实践的过程。加拿大教育改革专家富兰认为，课程实施是把某项改革付诸实践的过程。它不同于采用某项改革（决定使用某种新的东西）。实施的焦点是实践中发生改革的程度和影响改革程度的那些因素。①富兰的这一界定已经成为"课程实施"的经典定义。在他看来，课程实施是课程变革过程的一个重要的阶段或环节。美国学者利思伍德对课程实施的解释也是沿着这种取向进行的。他认为，实施涉及缩短现存实践与革新所建议的实践之间的差距。这种定义指出了课程方案与课程实施的区别。事实上，课程实施不仅包括把新课程计划付诸实践的过程，还包括课程制度化的过程。②不管一个人采用的方法是什么，实施实质上由三个阶段组成：起始阶段、实施阶段、维护或制度化阶段。在起始阶段，计划者要提出诸如哪些人参与，所期望的支持程度是什么，以及人们对革新是否准备就绪等问题。实施阶段是"做"的过程，它要求参与实施的人们在教室中或在其他

---

① 江山野.简明国际教育百科全书　课程[M].北京：教育科学出版社,1991:156.

② 李臣之.课程实施：意义与本质[J].课程·教材·教法,2001(9):15.

适宜的教育场所进行试验。在维护或制度化阶段,侧重于对革新的修改,如果制度化阶段未被计划到,被引入的革新计划将会"褪色"或停止存在,变革就会违背初衷。

国内课程界对课程实施含义的研究,有两种倾向。一种是将课程实施归入课程变革的研究范畴,认为课程实施是将课程变革付诸实践的过程;将课程实施作为课程开发和编制的环节之一,认为课程实施就是实施课程计划的过程。如,课程计划是指制定课程变革的理想及实现这种理想的具体方案,课程实施是将某项课程计划付诸实践的具体过程。这成为有关"课程实施"的主导认识。[①]另一种认为,课程实施实际上也就是教学。这是人们在处理课程与教学(或者处理课程论与教学论)关系问题时出现的观点。坚持"大课程论"的学者,趋向于课程实施就是教学。也有学者认为,教学过程是对课程计划的实施过程,认为凡是依照教育主管部门颁布的课程标准进行的教学就是正常化的教学,凡是未按照课程标准施教的都是不正常的,是应该加以改变的。这实质上是将课程实施过程与教学过程等同视之。[②]

二、课程实施的实质

(一)课程实施是一种变革

麦克尼尔在《课程导论》一书中考察了五种类型的课程变革[③]:

一是替代。如新教科书代换旧教科书。

二是交替。当变革被引进到现行的材料中,并有希望成为选修科目因而容易被采纳时,交替就产生了。对教科书的修改,亦是一种交替。

三是紊乱。这些变革是破坏性的。

四是重建性变革。这些变革导致学校课程体系本身的修改,如新教学观的形成。

五是价值变革。这类变革是指参与课程实施的人员的基本价值观念发生了

---

① 张华.课程与教学论[M].上海:上海教育出版社,2000:339-342.

② 李臣之.课程实施:意义与本质[J].课程·教材·教法,2001(9):15.

③ 靳玉乐.课程实施:现状、问题与展望[J].山东教育科研,2001(11):3-7.

转变。

1.课程实施变革的类型

从变革的范围来看,有全部课程变革、部分课程变革和单项课程变革。

从变革的方式来说,有采纳、改编、整合、拓展、重建等。

从变革的主体来讲,涉及社会层面(主要指国家教育行政部门)的变革、机构层面(主要指学校)的变革和个人层面(师生)的变革。

2.课程实施变革的模式

课程实施变革的模式有三种:

一是研究—发展模式(R&D模式)。它主要是由政府组织有关专家,研究课程改革方案,然后通过行政措施加以实施。

二是整合研制模式。该模式关注与教师直接相关的变革事务,强调形成教师的新观念和新技能,突出人与人之间的沟通和合作。这种改革是非行政性的、非权威的,它是一个自然沟通、传递、扩散、深化的过程。

三是问题解决模式。它是由广大教师在教育实践中自行设计与实施的以解决实际问题为目的的课程变革。

3.课程实施变革的策略

一是权力—强制策略。政府利用法定的权力和自身的权威,通过法律和政策的形式,强制推行新课程,它排斥教师参与课程的决策与变革。

二是经验—理性策略。改革者的主要任务是要运用逻辑的力量,唤醒人们的理性认识,通过摆事实、讲道理,说明变革的目标、意义、可行性和有效性,以激发变革的动力,推进变革的深入发展。

三是规范—再教育策略。通过社会文化规范的再教育来改变人的态度、价值观念等,进而促进课程变革。

(二)课程实施是一个过程

从外部整体上看,课程发展不是一个事件,而是一个过程,是一项包括课程计划、课程实施和课程评价三个主要环节的综合性的系统工程。在这个系统中,课程实施是一个关键的环节。从课程实施与课程计划的关系来看,两者是理想与现实、预期结果与现实结果的过程之间的关系。课程计划制订得越完善,就越便于实施,实施的效果也就越好;但课程计划制订得再好,若不付诸实施,就不会有实际意义。从课程实施与课程评价的关系来看,课程实施过程可为课程评价提供内容,课程评价要考察课程实施的可能性、有效性及其教育价值等,而这些都要通过课程实施阶段才能获得;同时,课程评价可为课程实施提供反馈信息,以便及时对各种课程要素进行调整。

(三)课程实施是系统再创造过程

从课程实施内部看,有课程采用、课程调适、课程应用三个环节。[①]

"采用"不等于实施的完成,"调适"代表一种努力,"应用"的方案才是实际运作的课程方案。

这种方案与最初的课程方案相比,已经发生了根本变化,是一种发展了的(至少是发展中的)行动计划。

三、课程实施的相关概念

"课程采纳"是指教师采纳新课程计划。

"课程改编"是指对新课程进行一定的改变以适应具体的教育情境。它基本上能够反映课程设计者的意图。

"课程整合"是指对新课程计划所涉及的各类课程从整体上加以协调,以便促进跨学科学习。

"课程拓展"是指为拓宽新课程的范围而进行的一种课程变革。

"课程重建"是指课程实施者基于个人教育理念和课堂里的实际情景,自行发展课程,以便实现课程变革。

因此,课程实施是复杂的、系统的和整体的,整个实施过程有不可预期性和不确定性。这与影响课程实施因素的复杂程度是明显相关的。

在目标上,课程实施就是在众多复杂性中求得平衡,系统考虑影响课程实施的现实因素,最大可能地发挥每一个因素的功能,以期产生最大功效,或利用复杂性而进行创造。

---

① 李臣之.课程实施:意义与本质[J].课程·教材·教法,2001(9):16.

在操作上,课程实施是一种采纳、调适和应用的再创造过程。由于对复杂性把握、利用程度不同,出现了不同程度水平的课程实施。

在效果上,课程实施是课程理想的落实、变革而接近区域教学文化的过程。

因此,整体而论,课程实施,在其现实性上,是调和影响课程实施的诸因素,平衡课程理想与实施情境的系列关系,创造教学新文化的过程。

四、课程实施的意义

从课程论的研究和当前课程实施的实践发展而言,课程实施有四个方面的意义。

(一)有利于及时发现课程实施中的问题,有效指导课程实践

有研究表明,大多数课程变革方案付诸实施后并不像方案设计者预想的那样乐观。国外一项研究报告指出,一项变革方案被采用后,研究者将方案所要求的行为模式分解为12种具体行为,用测量工具对教师的行为进行观察测量,结果发现方案实施的质量非常之低,教师的行为只有16%符合方案所要求的行为模式。[1]可见,如果没有对课程实施进行深入细致的研究,就不可能及时发现课程实施过程中的问题,自然难以对课程实践进行适时、恰当和有效的指导。

(二)有利于完善课程理论

一个完整的课程改革过程包括课程计划、课程采用、课程实施、课程评价几个环节。课程变革是这些环节之间动态的、复杂的交互作用的过程。人们对课程变革认识的理性化水平的提高过程,就是将课程改革过程分解为不同方面,深入理解每一方面的本质与功能,进而把这些方面有机联系起来的过程。

为了把课程实施与相关的其他环节区分开来,就需要把课程实施从课程变革过程中分离出来,着重进行研究。

迄今为止,我国学者在课程目标、课程内容、课程设计、课程评价等领域进行了持续探索,取得了显著成绩,但相比之下,对课程实施的关注较少,出现了课程理论系统研究的缺口。这就有必要进行重点研究。

---

[1] 李臣之.课程实施:意义与本质[J].课程·教材·教法,2001(9):13.

(三)有利于设计新的课程改革方案

课程计划与课程实施之间的关系是理想与现实、预期结果与现实结果的过程之间的关系。这种关系极其复杂,难以预料与控制,由此形成了制订新一轮课程方案的复杂性。

一些人往往将新课程方案下学生成绩优秀的原因归于新课程方案本身,而对新方案的实施过程并未做出恰当估计。实际上,一种好的教育效果并非仅仅来自好的方案。即便是不太理想的方案,对于高水平的实施者来说,也可以取得较为理想的成效。

课程设计的根本目的,在于改变学生的学习状况,促进其发展。

(四)有利于课程实施方案的推广

通过课程实施研究,可以知晓影响课程实施的真实变量,明确课程方案在不同情境中运行的可能状况,确定哪些变量可能是制约课程实施的关键,哪些变量没有影响课程实施,哪些变量对课程实施产生消极影响。明确各变量对课程实施的影响程度和作用方向,可以及时地、正确地干预与控制无关变量,从而估测方案在不同课程实施情境中的不同状况。

课程实施不是任务所使然的,它更多体现了一种使命,一种为学生、为社会发展而负责的使命。课程实施需要一切从学生和社会发展出发,一切从实施主体(包括地方、学校、教师)、实施环境或情境出发,科学处理好影响课程实施的各因素,谨慎运行。

研究课程实施,可以为采用实施方案的地区显示真实的过程,帮助实施者进行理解、修订、借鉴、再造。

五、课程实施的价值取向

关于课程实施的取向,课程专家富兰等人把课程实施的取向概括为得过且过、相互调适、忠实三种取向,辛德等人则将其归纳为忠实、相互调适、缔造三种取向。[①]下面归纳为四种取向。

---

① 靳玉乐.课程实施:现状、问题与展望[J].山东教育科研,2001(11):4.

(一)得过且过取向

它是一种最保守的做法。它往往避开矛盾和问题,在过程中临时做出决定,因而其方向是不太明确的,难于达成预期的目标。

持这种取向的教师往往是悲观主义者,对课程计划的重要性和实现预期的课程目标持怀疑态度。

(二)忠实取向

它把课程实施过程看成是忠实地执行课程方案的过程。根据这一取向,预期课程方案的实现程度就是衡量课程实施成功与否的基本标准。课程方案实现程度高,则课程实施成功;反之,课程方案实现程度低,则课程实施失败。

显然,坚持忠实取向,将课程实施的本质理解为忠实执行,按部就班,不可能对课程方案做出变革。

(三)相互适应取向

它强调课程方案的使用者与学校情境之间相互适应,主张根据学校或班级实际情境在课程目标、内容、组织形式诸方面对课程方案进行调整与改革。

它包括两个方面内容,即课程计划为适应具体实践情境和学生特点而进行的调整、课程实际情境为适应课程计划而可能发生的改变。

持这种取向的课程实施者,容易将课程实施的本质理解为"协调中的变革",认为课程实施不可能只是一个事件,更重要的是一个过程,在过程中实施者不可能不对课程方案进行修订,甚至改变,以适合其自身的目的。

(四)创生取向(或"缔造取向")

它把课程实施过程看成是师生在具体情境中联合缔造新的教育经验的过程。在缔造过程中,已经设计好的课程方案仅仅是教师和学生进行或实现"再造"的材料或背景,是一种课程资源,借助这种资源,教师和学生不断变化与发展。随着教师和学生的发展,课程本身也在不断地进步。[①]

应该说,以上四种取向在对课程知识的产生、对课程变革的假设、对研究方法

① 靳玉乐.课程实施:现状、问题与展望[J].山东教育科研,2001(11):4.

以及教师角色的理解等方面有很大差异,各有其适用的条件和优缺点。由于教育环境极其复杂,教育变革的需求多种多样,在不同的情境中各取向的价值都可以得到不同程度的体现。这也可以被视为从"过程论"角度对课程实施本质的理解。

六、课程实施的基本策略

(一)课程实施的目标策略

课程目标的主要的影响因素来自不同学科教师的教育信念,而不同学科领域的教师对那些共同的教育目标有不同的认识和态度,因此对某些目标可能比较看中,对另一些目标可能就不那么重视。这些情况必然影响到培养方案中每门课程在实现培养目标过程中的作用。

美国学者斯塔克曾就此进行了调查,他把教育共同的教育目标分为八类:

第一,掌握该领域的概念或知识;

第二,使个人或社会得到发展;

第三,发展智力;

第四,发展技能;

第五,促进价值观的形成;

第六,学习伟大的思想;

第七,为将来做准备;

第八,道德的养成。

在调查中,斯塔克发现,虽然"掌握该领域的概念或知识"在各项目标中居于首位,但对于同一个目标,不同学科的教师给予的回答是不同的。

关于培养方案的实施过程中涉及的课程实施的具体目标,斯塔克对教学过程进行研究后,归纳出十五条目标。[①]

第一,促进智力发展。

学习依赖于知道怎样学习。要使学生从一个不成熟的学习者变成一个有能力的、独立的学习者,教师必须为每一个教学任务提出目标。最好的办法是既写出较宽泛的课程目标,又写出更为具体的教学目标,同时努力去理解每一种教学

---

① 王伟廉.高等学校本科课程实施中若干问题的探讨[J].高等教育研究,2004(1):82.

方法是怎样帮助学生达成这些目标的。

第二,发展学习技能和学习战略。

教会学生学习技能的有效办法,是将这些技能埋植于课程材料之中。在学习过程中有两种机制在起作用:一是认知战略,这是学生加工信息的方式;二是元认知战略,它帮助学生了解应使用哪种战略以及为什么。美国有学者在研究中发现,如果他们教给学生隐藏在教学战略背后的心理学原理,他们就能够成功地教会学生学会怎样学习。

第三,促进反思和元认知。

只有当学习者对其学习过程和结果进行了反思,学习活动才算完成。所谓元认知,按照心理学家的解释,就是对自己的学习类型和战略进行反思。这种反思要比仅仅获得更多的学习技能重要。

第四,培养有效思维能力。

教育的一个重要目标就是有效思维。有效思维是所有学科和学术领域教学的最终目标。这一目标可能是在学习内容和学习技能的过程中实现的。与这一目标的表述可以相互替代的术语有批判思维、逻辑思维、分析思维等。国外有学者对有效思维进行了研究,得出有效思维的五个方面是:①对争论的问题进行分析和评价;②做出推论和提出结论;③明确问题和分析问题的能力;④进行归纳的能力;⑤对各种可供选择的解释进行概括。这五个方面的重要性随学科的不同而有所不同。

有效思维或批判思维的一个具体类型是"问题解决"。一般认为,有两种类型的问题需要解决:一种是严密结构化的问题,另一种是松散结构的问题。前者具有确定的答案,后者则没有确定的答案。解决前者时,不同的学科领域的做法是不同的;解决后者时,则无陈规。所谓创造性地解决问题,主要是指解决这类松散结构的问题。有人指出,所谓批判思维就是"对相信什么和做什么进行的合理反省"。

第五,鼓励学生进行研究与探索。

学生有必要知道,一个学术领域是如何产生与发展知识的,以及该领域已经产生了哪些知识。

第六,促进有目的的学习。

有目的的学习者在毕业后会继续自己的学习并改进自己的学习技能。要提高这方面技能,可以向学生提供具有挑战性的内容,并使学生理解该领域的结构。也可以按照布卢姆的目标分类中目标水平依次排列的办法提高这方面的技能。较高级的学习技能往往是通过课堂以外的活动获得的。如要求学生到课堂外去搜集信息。一般认为,在很多学科领域,让学生自己到图书馆查阅资料进行研究与撰写论文,可以促进学生获得比较高级的学习技能。

第七,提高动机,鼓励参与,获得统合。

学习取决于想要学习。学生是从材料中获得意义的,因而必须在这一过程中成为主动的学习者。

第八,完善讲授法。

原理一:在讲授中,教师控制着信息传递的速率和顺序。因此,可以增进一致性,却难保统合性。

原理二:好的讲授,清晰、有条理而且富有情感,能在较短的时间内抓住学生的兴趣。

原理三:任何讲授都可以通过学生对所讲内容的参与得到改善。

第九,把讨论作为积极的过程。

原理一:教学应该最大限度地发掘意义,并使遗忘达到最小。

原理二:进行讨论最要紧的是要对讨论的题目做出精心安排。

第十,个案研究和有关的变式。

接触一次现实的价值不亚于一打抽象的理论。

第十一,同伴互教。

教,可以相当于学了两遍。

第十二,学习共同体。

学习共同体有利于促进社会的和智力的参与。

第十三,将课堂加以拓展。

借助"听"的学习,有时是学习;而通过经历的学习,几乎总是学习。

第十四,编制以学习者为中心的教学计划,并建立课堂环境和课程环境。

如果说学习意味着去冒风险,那么教学意味着去建立信心。当课堂和课程包含挑战但又是一个充满信任和尊敬的地方时,学生的学习就会达到最好的效果。此外,过大或过小的压力都不利于学习。

第十五,建立和转达期望。

如果学生想要表现卓越并对自己做出判断,他或她就必须知道自己的表现究竟是怎样被判断的。优良的课堂有助于学生内在的学习动机的养成。

（二）课程实施的教学过程策略

美国学者韦斯顿和克兰登曾于1986年把单门课程的教学策略归纳成四种,即教师中心教学策略、相互作用教学策略、个别化教学策略、经验教学策略。

1.教师中心教学策略

它是把教师视为教学过程的主要责任人。在这一策略中,所使用的教学方法主要是演讲,有时运用示范教学法。

2.相互作用教学策略

它主张在教师和学生之间、学生和学生之间进行交流与对话。讨论是经常使用的教学方法。这种策略认为,讨论方法在传授像分析、综合、评价等高水平的技能时,要优于演讲法。在实践中,像小组设计或学生之间的那些教学活动,都属于这种策略。

3.个别化教学策略

它主要用来适应不同学习速度的学生,在教学中向他们反馈信息,以强化学生的努力。这种策略强调将教学内容按程序分成步骤,常使用的教学方法包括程序教学法、计算机辅助教学、模块化教学。

4.经验教学策略

它是一种常常在课堂以外的背景下进行的策略。这种策略可以由教师引领,也可以在学生之间相互作用,也可以是个别化的。学术方面的训练可以在教师控制下进行;实验室活动则依据学生参与设计的程度,既可以由教师控制,又可以由学生自己控制。在较高水平的学习中,经常使用的教学方法主要有角色扮演、博弈、模拟等。在这种策略的学习过程中,学生往往表现出比教师更大的积极性和责任感。[1]

---

① 王伟廉.高等学校本科课程实施中若干问题的探讨[J].高等教育研究,2004(1):82.

七、课程实施的教学类型

教学方式上的差异,会导致不同的教学结果。由于研究目的不同、方法不同,对课程的实施过程中教学方式的特点有各种不同的分类。①

(一)以教学和科研、教师和学生亲疏程度分类

有学者以教学和科研、教师和学生亲疏程度为经纬,将教师分为四种:

①教学—亲密型;

②教学—疏远型;

③科研—亲密型;

④科研—疏远型。

(二)两维分类

美国学者阿克塞尔罗德1973年提出了一个两维的教学方式分类,认为可以将教师分为两种类型:

①说教型;

②唤起型。

前者告诉学生"要知道什么",后者力图使学生自己去发现这些东西。

美国学者德雷斯尔在阿克塞尔罗德的基础上于1980年进一步提出,唤起型的教师可能会在教学活动中偏重于学科、教师自身、发展学生的心智、发展学生的人格四个方面中的一个方面,并据此提出相应的四种教学类型:

①学科中心的教学类型;

②教师中心的教学类型;

③学生中心的认知教学类型;

④学生中心的情感教学类型。

(三)以教师教学对学生的影响分类

美国学者韦默在1987年发表研究报告,将教师分成两种类型:

---

① 王伟廉.高等学校本科课程实施中若干问题的探讨[J].高等教育研究,2004(1):81.

①"形成论"类型；

②"转变论"类型。

"形成论"类型教师的特点在于,他们相信自己在教学过程中是在对学生产生影响并塑造着学生,使学生形成某些知识、技能、态度等;"转变论"类型教师则把学生看成是自己在教学过程中的伙伴,与学生共同分享权力和一起承担责任。新教师往往属于"形成论"类型,有经验的老教师则属于"转变论"类型。研究显示,随着教学年限的增长和经验的积累,教师会越来越向着学生中心的方向靠拢,或者说越来越向着"转变论"类型变化。

八、课程实施的影响因素

辛德等人分析了影响课程实施的四类因素:

第一类,与课程改革本身的性质有关的因素。诸如课程改革的必要性及相关性、改革方案的清晰程度、改革方案的复杂性、改革方案的质量与实践性等。

第二类,社区水平上影响实施的因素。诸如地区已往在课程改革需求方面的表现、地方的适应过程、地方管理部门的支持、时间安排与信息系统、部门与交流系统等。

第三类,学校水平上影响实施的因素。诸如校长的作用、教师之间的关系、教师的特点与取向等。

第四类,环境对实施的影响。诸如政府部门的重视、外部的协调等。

应当说,辛德等人的分析是深刻而独到的,很有代表性。①

---

① 靳玉乐.课程实施:现状、问题与展望[J].山东教育科研,2001(11):5.

第二章 中小学学科课程模式实施策略

20世纪末,课程研究范畴转向了"理解课程",在这一转变过程中,一个以更开阔的视野、以更广阔的理论基础、以怎样理解课程为目的、以体现着时代精神的新课程模式——理解课程模式出现了。

一、理解课程模式的理论基础

(一)理解课程模式的代表人物和代表著作

如果以时间为序,人本主义心理学马斯洛等对课程开发模式较早地提出不同看法并表示质疑,在此之后有诸多专家提出了自己的看法,代表人物主要有派纳、格鲁梅特以及格林等人。之后,以社会批判理论和新教育社会学为基础研究理解课程的专家们加入理论探讨的队伍中来,代表人物有阿普尔、曼恩以及麦克唐纳等人。

1964年,麦克唐纳指出学校的存在是为了让学生接触现实,并不是为了灌输文化和培养社会角色。1966年,麦克唐纳在《语言与意义》一书中提出学校教育"人"的重要性,之后这个议题构成了20世纪70年代概念重建的核心主题。1967年在俄亥俄州立大学举行的会议中,很多课程专家就关于"走向概念重建"的问题发表了各自的看法。与此同时,批判主义者如阿普尔认为对课程的理解要多元化。90年代后,课程越来越多地被理解为一种多维的文本:性别的、政治的、审美的、自传的、种族的、历史的、解构的等。1995年,美国著名课程理论家派纳出版了《理解课程》(上下册),这标志着理解课程理论的形成。

（二）理解课程模式的理论基础

20世纪70年代，美国出现了一个课程理论流派——概念重建主义课程理论。该理论是一批因对传统课程理论不满，试图对课程领域进行概念重建的学者们提出来的课程观点的总称。组织虽较为松散，学术观点亦存在很多分歧，很多专家提出不同的看法，但从课程价值观的总体倾向角度研究分析，可以看出这些观点具有较高的一致性。

对于概念重建主义者来说，由于思想基础和研究方法存在很大的差异，从形成到发展已体现出两大派别并且分别具有不同的特征：

第一，以社会批判理论和新教育社会学为基础的课程流派；

第二，以现象学、解释学、精神分析以及存在主义等理论为基础的课程流派。

这两大流派研究的重点不同，观点也存在较大的差异性。

1.以社会批判理论和新教育社会学为基础的课程理论

这个课程流派强调的是反思社会意识形态、树立社会公正，倡导的理念是抵抗、反思、开放以及自我解放。其代表人物有吉鲁、阿普尔、麦克唐纳和韦克斯勒等人。把课程看做是一种"反思性实践"，课程不能仅局限于学习一些知识，学习要成为一种社会性的行为。

在课程目标上，美国批判课程理论的代表是阿普尔。在他看来，课程不应该是孤立的个体，它应该和整个国家、学校所在的地区以及学校本身联系起来，在它们的相互关系中探索课程事实本身。他指出意识形态控制着社会、教育和课程。另一位学者吉鲁认为教育的终极目标应该是"解放"，他强调个人应该从权力控制中解放出来，挣脱他人的操纵，自己主宰自己的生活，充分发挥自己的主观能动性，把握自己的命运。这一派学者的共同特点是把人的解放看做是教育的首要目标，他们尤其重视人的自我意识，认为人应该认识到自己的存在性和创造性。他们反对把人当做是抽象和孤立的存在，反对把人视为接受文化知识的被动者，他们认为人的存在是意识、历史、语言、社会和实践存在的集合体。[1]

在课程内容上，不论是教师还是教材，他们反对教育上的一切权力形式，反对教育中的普遍性和统一性，要求将批判性思想始终贯穿其中，要在批评中实现文

---

[1] 汪霞.概念重建课程研究的后现代本质与评价[J].比较教育研究,2005(10):68.

化形式的革新和构建。阿普尔认为,在课程设置中,以官方知识为中心的形形色色的权力机构展开了各种争论,最后的妥协中有很多的矛盾,每一次课程政策的制定和课程设置的实践都体现了这些权力机构之间取得了暂时妥协(有人称为平衡)。所以这些课程的内容也就只能是各方力量暂时平衡的结果。在这些课程内容中,各种各样的阶层及其成员和社会运动的知识要素始终处于矛盾的关系中。

在课程实施上,阿普尔指出,教师工作的自由度在逐渐缩小,这让他们遇到很多工人不得不面对的问题。也就是说,教师的工作性质和工人的工作性质有很多共性。在教师进行课程实施的劳动过程中,经常要受到三种形式的控制:简单的控制、技术的控制和官僚的控制。在这三个方面的控制下,"去技术化"已经成为教师劳动的特征。吉鲁的研究成果主要是"抵制理论",他认为教育内容应该是解放自我和解放社会,为此既要自我反思,又要斗争。他建议教育者和受教育者之间要摒弃传统的"使用性"的关系,建立一种"批判性"的关系。

在课程评价方面,他们往往采用批判的方法:一方面以批判的立场和方法为核心,另一方面把历史分析、阶层分析等方法作为其支撑,试图达到社会公正和人的解放的目的。

2.以现象学、解释学、精神分析以及存在主义等理论为基础的课程理论

由于所持观点和派别不同,这一派的学者通过对传统课程进行研究,提出教育与生活世界处于脱离状态,异化后成为以学科课程为中心的形式。在进行知识技能强化时,他们认为学校教育必须成为"生活世界",并以此作为他们所追求的远大目标。他们以课程的本质为切入点进行研究,认为开发个人的"存在经验"至关重要,可以使个体的自我意识得到提升。其代表人物有派纳、格鲁梅特、范梅南。

在课程目标上,他们致力于培养个体的存在性和创造性,进而达到"个体解放"的目的。派纳认为,通过个体"生活经验"的解释,能提升人的内在生活质量,最终真正解放人的主体性;另外,他认为解放是一种从政治、经济和心理的不平等中将自我和他人解放出来的过程。他们把教育看做是和人有关的教育。格林认为,课程应该强调学习者对生活世界形成的意义,出发点在于师生在互动中理解世界、创造知识。①

---

① 汪霞.概念重建课程研究的后现代本质与评价[J].比较教育研究,2005(10):68.

在课程内容上,派纳等专家所主张的"存在经验课程"理论得到了广泛认可,这种理论不仅是一种课程理念,也是一种重要的研究方法。派纳认为,存在经验课程的主体是具体存在的个体,这种个体是以活体的形式存在的,是一种完整的自我,在设计教育内容之前,课程早已存在于个体和课堂的体验之中了。

在课程实施上,重视主体的"自我探求"。范梅南认为教育学是父母与孩子、教师与学生等在一起存在的某些真实情境,他尤其重视真实生活情境中的学习。但在现实中,实际经历的课程经常未被描述,描述的课程又缺乏真实体验,而真实体验往往为描述的概念结构所掩盖。课程概念重建是以此为基础而形成的。

在课程评价上,派纳对"存在经验课程"理论提出自己的看法,认为这是一项从事人的解放工作的一个策略,注重运用"文本的自我履历的分析"。格鲁梅特把"自我履历法"作为基本的研究方法,认为这种研究方法可以对个体的生活经验不断进行反思、确认。

二、理解课程模式的价值取向

(一)价值取向

课程价值取向是指根据当前知识水平,课程价值主体以一定的客观价值为依据,在课程价值实践中表现出来的某种心理倾向和行为趋向。从课程价值取向的特点看,具有关系性特征、历史性特征和实践性特征。[①]在整个教学活动中,课程价值取向处于中心环节,教师对课程价值取向有一个准确的定位才能有效地进行教学,任何一名从事教育工作者都有自己的课程价值取向。课程价值取向不仅影响课程理论研究工作者设计和分析具体的课程,还决定教育实践者如何在实践中落实某一项具体的课程方案。

新课程标准的价值取向与传统的教育观点存在较大的差异,认为教师的身份已经从执行者向决策者转型,作为优秀的教师要具有创造良好学习环境的能力,通过丰富的教学活动引起学生的兴趣,并把自己的教育理念融入其中。从执行者到决策者的转换就是要求教师要"解放"课程,让课程变"活"。

---

① 李广,马云鹏.课程价值取向:含义、特征及其文化解析[J].东北师范大学报(哲学社会科学版),2010(5):167.

在反思传统课程发展某些弊病的基础上,"回归生活"的课程价值取向正以前所未有的声音呼唤着课程改革要踏上回归生活的旅途。[①]这种理念属于"回归生活"的范畴,从其价值取向看主要体现在五个方面:

第一,体现在课程理念上,使学生回到生活中来,使主体意识得到提升。

第二,在设置课程目标时,要把学生的需求放在首要位置,建构出学生喜欢的学习氛围。

第三,使课程内容更加优化,从科学世界的束缚中走出来,对学生的生活世界予以更高的关注。

第四,在课程实施上要把交互主体性体现出来,在此基础上实现对话、交流和互动。

第五,学习方式也应发生重大改变,建构综合实践活动课程成为教师的重点任务,以此为基础把学生的亲身体验和感悟放在重要位置。

(二)关于理解课程模式的价值取向

哈贝马斯把人类的兴趣理解为三类,即技术的认知兴趣、实践的认知兴趣、解放的认识兴趣,并把解放的兴趣指向人类自我反思的一种批判性的思维方式。在认识哈贝马斯的兴趣理论的基础上,派纳认为通过对个体自我意识的提升,并培养其反思和批判能力,然后把个体从无意识中和现实生活中解放出来,最终达到解放兴趣的状态。理解课程模式的价值取向是"解放兴趣",它指的是人类对解放和权力赋予的两项基本兴趣,"解放"意味着从外在于个体的存在获取独立,是自主的状态,并且整合了自主和责任两大概念。

立足于后现代主义时代背景及立场,理解课程模式在批判工具理性的传统课程观造成人性自我缺失以及学生的病态人格等弊端方面做出了巨大贡献。理解课程模式关注的是理解者个人的自由与外在之间的平衡。传统课程理论者只关注课程与教学的原则,对"个体"的强调仅仅是一种口号。派纳认为课程领域遗忘了实实在在的个体,只专注于设计、顺序、实施、评价以及课程材料,忽视了个体对这些材料的体验。[②]理解课程则是以理解者的个体自由为前提,但理解者的自由

[①] 姜美玲.回归生活世界——中小学课程改革的价值取向[J].上海教育科研,2002(9):43.

[②] 王鹏辉.当代美国课程研究范式的转型及对我国课程改革的启示[D].兰州:西北师范大学,2007:24-25.

还必须考虑特定的历史环境、课程文化、意识形态等因素。

三、理解课程模式的实质

（一）课程是不断的变革

课程变革是指在教育安排的条件下发生的课程与教学的一切变动。它既可以泛指课程与教学的一般变化，又可以特指某项具体的变革计划。课程学界普遍支持课程变革是最具包容性的一个概念，即它可作为课程改革、课程革新、课程改进等相关术语的统称。课程变革的内涵比课程改革的内涵更广泛，就是课程在价值、思维、行为等方面所发生的范式转换。课程开发模式的对象是通用的教材包，派纳认为传统的美国课程专家经常以缺乏生活气息的内容为教材，这些教材描绘的内容往往涉及的都是过时的课程领域。教师每年都不断地重复着这些课程目标、设计以及实施等，扮演的是熟练的技师角色。这不仅限制了学生的发展，还扼杀了教师的创造性。在课程开发模式中知识被工具化，教学追求的是一种社会效用，课程成为实现这种效用的一项有效手段，但它忽视了社会的文化历史，未涉及人文科学及社会科学领域，因此遭到了很多学者的批评。于是，出现了理解课程模式，课程的发展迎来了新时代，迎来了新的课程变革。在"大课程小教学观"新课程改革背景下，教学的变革首先需要课程发生变化。在当下变革的时代，"课程变革"已成为高频词汇。课程变革可以指教学本身或环境教学在教育安排的条件下所发生的一切变动。课程变革的首要任务是促进学生发展，但学生往往被当作课程变革的对象，学生对课程变革方案的感受和意见常常被忽视，在方案中对学生的建议也较少采纳。由此，学生难以真正体验课程所蕴含的价值。事实上，让学生参与课程变革不仅可以增进学生对课程意义的理解，还有利于促进学生的学习，使课程变革更有成效。所以教学的实质不是国家、学校、教师等单方面的职责，更不是提前按给定的计划进行"标准化"上课。很多学校现在存在集体备课的现象，所有教师上课的教材、上课的方式、学生课后作业等是统一规划的，这不仅扼杀了教师的教学创造性，还抑制了教师的专业成长发展。对于学生而言，教师不能根据不同班级整体的状况进行因材施教，不利于学生发展，这些本身就违背了教学的本质。所以通过"课程变革"可以凸显出教学实质的变化，从而揭示教学实质。

用"变革"的观点看课程,那么课程就不只是"内容",而是"关于课程的理论"。课程就变成了关于特定内容的概念界定、教师教授特定的课程内容的何种目的等。也就是说,在特定的教育情境中,课程在本质上对每位教师和学生而言,给定的内容都有其自身的理解,对特定的课程内容都有自己的解读方式和结果。"理解课程"模式在某种程度上属于一种"课程变革",突破当前仅仅对课程范式的简单调整或改变,课程不进行彻底的变革,教学的变革就无从谈起。技术理性批判理论反对把课程变革当作工具行动和技术操作的过程,在理解课程模式视野下,课程变革应建立一种合作、信任、开放以及平等的合作型教学环境,教学的实质其实就是师生在一种信任和对话的课堂中进行授课的关系。

(二)课程是发生的事件

课程事件提出课程即事件的观点,认为教学可以充分发挥教师和学生的主体性和创造性,课程的作用和性质也发生变化,转为对人类生活的复演和全方位的展现,使课程的过程不再独立存在,而把过程和结果统一起来。课程文本形式呈现出多样性特征,不再拘泥于单一的教材文本,同时课程的难度和复杂程度也要相应增加,从而丰富课程的意义。课程事件事实上已经存在于教师的日常生活中,多以"偶发事件"的形式受到关注。它本身体现出当代教育的理念,体现了教师的实践智慧,因而受到广泛的欣赏。它被视为可遇而不可求,因而就增加了它的"神秘"色彩。①

课程事件从根本上说是一种复演和展示,在这个过程中学生承担着主体作用,把新课程改革融入其中,体现课程教育改革的要旨。从其形式看,虽然以综合课程和活动课程为主,但不能排除对学科课程所产生的影响。课程事件起源于情境,执行于过程解决,结束于反思和总结。它关注发挥儿童的主体性与创造性,强调过程与结果的统一。

除了强调事件解决过程中的人与人之间的联系外,课程事件还体现在事件的解决有效地融解了结果与过程之间的被人为预设的"冲突"中。发展学生的创造性并不仅仅拘泥于培养学生的发散性思维,集中解决某一问题的思维也是培养学生创造性的途径之一。课程事件的发展和解决与此类似,虽然事件也强调过程

---

① 严仲连.课程事件刍议[J].教育理论与实践,2007(7):50.

性,但它最终带来事件的解决与事件参与者的变化,即结果。课程事件观就是强调儿童参与的过程以及参与过程中的交往,这与只重结果的课程是不一样的。只重结果的课程可能不重视过程,进而忽视个体内在的情感体验。课程事件虽然重视过程性——倾向于过程性的课程模式,但它同样带有目标模式的一面,只不过教师对事件的种种准备体现了目标开放性,因此体现出课程设计的弹性。

总之,在我们的生活中,教育契机无处不在,作为教师应具有"课程即事件"的教育意识,有随机教育的行为,把"一日生活即课程"等教育理念真正落到实处。

(三)课程是不断地开发

新的课程观认为,课程不只是"文本课程",还是体验课程,课程不再只是特定知识的载体,而是师生共同探究新知的过程。教师和学生都是课程的有机构成部分,共同参与着课程开发的全过程。这样教学不仅仅只是忠实地实施课程计划的过程,更是课程创生与开发的过程。教学与课程相互转化,相互促进,彼此融为一体,课程由此变成一种动态的、生长性的"生态系统"和完整文化。在课堂中,有效发挥教师和学生主体性的过程就是共同开发课程的过程,课程开发过程是一个动态的和生成的过程,在这个过程中课程内容将会不断地生成与转化,课程意义也将会不断得到建构与提升。课程是开发的过程,说的就是课程除了需要教师开发之外,还需要学生在课堂中与教师互动。实际上,在课堂中,教师和学生在进行课程开发的过程中都在创作课程事件,在参与课程事件和完成任务的过程中,学生以其独特的方式建构意义来创生自己的课程,教师则是在课堂中进行现场"创作"课程,这样的课程才是主体赋权的课程。

(四)课程是一种交往

理解课程模式同时具有"交往"取向特征。它的基础是"交往理性",突出的特点是"交往实践"。哈贝马斯是法兰克福学派的代表人物,他的著作《知识与人的兴趣》中有对于三种基本认知兴趣的论述:

第一种是技术兴趣,它对应的是人类的工具理性;

第二种是实践兴趣,它对应的是人类的实践理性;

第三种是解放兴趣,它对应的是人类的解放理性。

哈贝马斯的观点是,这三种理性需要融合在一起建立一种新的"生活世界",

它的基础应该是主体间的对话理解,而它突出的特点应该是"交往理性",在这个过程中的交往实践应该体现"交互主体性",同一化是发展目标,而人性解放与社会和谐才是它的终极诉求。

哈贝马斯提出的这个"生活世界",从内在结构方面说,是文化、社会和个性的统一体,在这里个体中心逐步转换到交往理性,从而实现了价值转换。他的这一研究内容丰富了交往实践理论。交往实践理论,本质上说社会生活是实践行为,人们的生活世界是一个人格化的世界,正是在人们主体性生成的同时,生成了生活世界,这些都来源于人们参与社会实践活动时彼此之间的交往与发展。主体的存在意味着人们在交往实践中会逐渐生发出主体性,而交往实践正是主体和客体统一的条件和起因。所以说,课程不能一味遵循"科技理性至上",必须从这个桎梏中挣脱出来,并回归"生活世界",在对象性的交往实践活动中建构课程意义和价值,实现"主体性发展"的终极目标。

四、理解课程模式的特点

(一)文本课程转变为体验课程

传统课堂中的文本课程可以让教师的权威地位变得更加巩固。为了转变传统课堂中教师中心的局面,真正实现"以教师为主导,学生为主体",就要改变当下的课程表征形式。

美国学者古德莱德针对课程教育提出五类课程,分别是:①理想课程;②正式课程;③领悟课程;④运作课程;⑤体验课程。其中,体验课程作为课程运作的最后一个层次,同时是最重要的层次。它是指学生实际体验感受到的课程,其实质是学生对于知识的重组、内化过程,在这一过程中将教材内容转化为自己的个人知识。

在建构课堂的过程中,学生体验与学生学习、知识建构是相互融合在一起的。在这一过程中,教师的引导、教材知识的特点、学生已有的知识经验以及学生心智水平等因素都起着重要作用。

（二）专家型课程转变为师生共建的课程

专家型课程是指由专门从事课程的人员共同商定出适合学生特点的课程。专家型课程容易导致教师按照文本课程按部就班地授课。这种课程适合大多数学生的特点，但是对于一些个别学生还是无法适应的，所以难以做到因材施教。

师生共建的课程主要是以教师为主导，以学生为主体，教师比较了解学生的特点，在经过几次课程后，教师会探索出哪些课程更适合学生的学习，这样有助于师生共建的课程在教学过程中不断地做出调整。

（三）教师专制课程转变为民主课程

教师专制课程让教师始终处于高高在上的权威地位，很少有学生敢于提出自己的看法和见解，大多数学生都是"附和"教师的观点，多数教师自身缺少对民主课程的深刻反思。自愿性和自主性要结合，灵活性和开放性要统一。

进行校本课程开发是实现课程民主的必经之路。为了适应当前国际化和民主化教育背景，国家提出了三级课程管理，即设置国家课程、地方课程和校本课程。校本课程尊重学生的个性，以学生为主体，同时开发培养师生之间的民主精神，可以较好地实现自愿性和自主性的结合，灵活性和开放性的统一。

（四）预设课程转变为生成性课程

理解课程的内涵十分丰富，其主要的意义在于对课程与课程事件赋予新的含义，为了实现这一目的，课程开发是必不可少的。由此可知，对课程的理解绝不能拘泥于文字表面，而要指向课程本身和课程开发过程的根本性转变。

课程事件观认为课程是指在某一具体情境下，让学生作为主要参与者对人类生活进行某种"复演"或"展示"。课程事件进程始于情境，表现于过程解决，结束于反思和总结。课程事件对于教师来说是一种挑战，它对教师的专业能力提出了更高的要求。在课程教学过程中，教师不仅要深刻理解课程事件，关注生成性课程事件，还要强调学生主体性与创造性的发挥，将过程与结果、预设与生成紧密结合起来。课程事件是预设课程，同时它体现的是对解放理性的追求，所以是一种创生型课程。

随着课程开发模式向理解课程模式的渐进转变，课程内涵发生了质的变化：

课程是一个情景化社会过程,课程是一系列事件,课程是由师生交互作用而产生的一种不断生成的建构。此处所说的"课程"是指在教学活动中学生和教师一起创立与产生的"事件"的系列,在此过程中他们一起建构内容和意义,也就是"体验课程"。正如理解课程模式理论的创始人派纳说的那样,课程是一种复杂的对话……课程不但是劳作的地点,而且是劳作的成果。课程是手段和目的的统一体。

五、理解课程模式的实施策略

(一)人本—理解策略

课程实施是将课程计划付诸实践的过程。设计出来的课程如何付诸实践,是课程发展必须关注的重要问题。理解是师生交往关系优化的核心,在课程实施过程中,人本—理解的这种研究取向强调对课程的理解要真正从学生出发,展开在师生关系中。对于课程的理解,教师要与学生在交流互动的过程中来共同整合对课程的理解,这样才能完整地诠释课程,让学生真正地从课程中学到自己所领会的知识。在理解课程模式中,人本—理解的课程主张强调:从个体意识的觉醒和反省出发来构建学校生活的意义,并注重分析教育经验,把课程看做是学习过程,重视师生间的互动。①

理解课程模式关注对"人本—理解"这个课程取向的落实。在这里课程被看做是"符号象征",课程研究所要完成的使命是揭示这一符号象征所承载的价值观。在美国,这种课程研究理论已成了一种"显学",它要挑战的是"工具理性"或"科技理性"的主导地位,倡导自己的"解放理性",发现它的本真价值。②从20世纪80年代开始,对课程的解读进入了更广阔的背景,社会、政治、经济、文化等共同构成了这一背景,这种解读方法在探索课程的"文本"含义时,最先诉之于个体的深层精神世界和他们的生活体验。在这种理论中,课程充满人文精神,它有生态化的整体特征,实现"个体解放"是终极目标。

---

① 王洪明.人文理解:一种课程文化的研究范式[J].辽宁教育研究,2007(2):6.

② 胡塞尔.欧洲科学的危机与超越的现象学[M].王炳文,译.北京:商务印书馆,2001:418-419.

（二）人本—交往策略

在课程实施中，人本—交往是联系师生之间的纽带，是师生主体之间的交往，是体现人本师生关系的实践过程。教育活动的本质是人与人之间的交往互动，离开了交互关系，也就不存在教师和学生的角色身份，即孤立的教师角色和学生的角色是不存在的。在人本—交往过程中，最重要的是教师要注重与学生进行沟通，师生之间的沟通是一种交流过程，更是一种思想碰撞的过程。师生沟通的最终目标是为了建立良好的师生关系，取得更好的教学效果，培养出能力最强、综合素质最高的人才。

根据整体有机理论，主体并非独立存在，而是内化在客体中。在研究人的主体性的时候，必须了解主客体有机联系的实质，明白动态的生成过程，这样才能对主体真正了解，明白主体价值是如何生成的。从整体有机理论来看，在课程研究中，要把握学生是"具体而完整的人"这个原则，要重视他们在学习中的体验和反思。对于他们来说，课程是一个持续的体验过程，在此过程中，教师和学生共同生成意义建构，这是一个创造性的过程，它活力四射，具有发展价值。用派纳的话说，课程其实是一种对话，具有复杂性，它并非产品，而是过程。它是动态的行动，属于社会实践，具有个人意义，而且寄托着公众希望。[①]总之，课程要在教师和学生交往的过程中实施。

理解课程模式理论的价值取向重视主体性、过程性和多元性。派纳在理解课程一书中重点强调的是"话语"和"文本"，要让学生发出自己的"声音"。在这种情况下，课程的价值取向的主体显然是学生，通过对学生的"放权"让他们可以在课堂中真正实现自己的主体价值，而不是一味地完全"听从"教师的课堂安排，学生有了自己的"话语权"，课堂气氛也会变得更加活泼生动。

随着新一轮基础教育课程改革的进一步推进，课程是不断生成与扩展的经验这一新的本质观得以在实践中形成和确立。也就是说，课程不仅仅是现成的教科书，还是教师为学生提供的学习机会，是人本—交往过程中产生的经验。

---

① 布迪厄 P，华康德 L.实践与反思:反思社会学导引[M].李猛,李康,译.北京:中央编译出版社,1998:398.

（三）教师与学生的角色转换

在理解课程模式理念下师生的角色发生了重大的变化。

在传统教学中，教师承担着知识的传授者和学习管理者的身份，在新课改中要实现身份变化：一方面，教师由知识的灌输者向知识的促进者和学习的引导者转变；另一方面，学生由被动的接受者转变为知识的探究者。

在开展学习活动时，教师的作用极其重要，不仅要为学生创设良好的教学情境，使学生的潜能得以开发，还要营造出良好的氛围，为学生提供彰显自我的舞台，而且教师积极参与其中，为学生把握前进的方向并与其共同成长。

（四）实现主体赋权

所谓主体赋权，就是在课程学习中以学生为主体，确立学生的主体地位，让学生在课程学习过程中独立自主地思考与研究，在个体的不断反思和彼此交往中独立自主地进行课程创造。

学生的主体性是在与客体相互交往过程中发展而来的学生自主、主观能动和自我创造的特性。人类社会是以有生命的个体存在为前提的，人类毫无疑问是社会的主体。充分有效地发挥主体性，能够引导学生朝着健康的方向发展，在这一过程中，教育这个因素起着重要作用。

主体如何认识客体是传统哲学的研究内容，是在二元对立的思维模式下被探讨的。课程开发模式偏离了培养学生的"目的理性价值"，片面强调学生个体的服从，从而忽视了学生的主体性。与传统哲学研究方向不同的是，哲学解释学并不认为它是研究主客体之间的关系，而是研究主体对客体的认识与理解，是理解者与被理解者的相互作用。

课程的改革要满足学生对其主体性价值的诉求。

第一，要理性自觉。

要克服工具价值与本体价值对立的现象，纠正对学生"主体性"的片面化和绝对化理解倾向，要对教育主体缺乏重视、对教育的自身主体性存在认识不足等问题进行反思，要从内在挖掘与把握主体、主体性、主体性教育等相关概念的本质和内涵，区分它们的不同。

第二，实现主体性的基本途径是进行对话。

理解课程模式主要是通过平等对话的方式进行的,在课堂中,教师与学生、学生与学生之间都是一种平等的对话关系。这样的一种课堂体现了一种合作关系,学生与教师之间能够彼此进入对方的视野,在这样的关系中才能真正确立学生的主体性。

第三,主体性价值是在课堂教学中形成的。

在课堂教学过程中,作为引导者,教师不只是让学生学习已有的成果,还要不断地指导学生参与知识形成的过程,让学生在参与过程中养成极强的动手能力,并且能够在课堂活动中自主构建自己的认知结构。让学生在质疑学习知识的过程中,在探究学习的活动中,适当置于课堂的主体位置。

(五)发挥课程整体功能

为适应工业经济时代的要求,传统课程功能传递的是知识本位论,学校教育的中心任务是传授知识,学生的任务是接受已经"发现"的前人知识。学校教育出现了以书本为中心、以教师为中心以及学生学习死记硬背等现象。当时,"课程即教学的科目""课程是教学内容和进展的总和"成为教师的共识。在课堂中,教师向学生传授分门别类的知识,向他们呈现的知识世界具有严格的确定性和简约性,课程往往远离学生的现实生活,这和以复杂性为特征的学生真实的生活世界是不相吻合的,显然窄化了课程的功能。[1]

新课程改革的理念改变了传统知识观中只注重传授知识的倾向,主张将新知识的掌握和学生的参与互动相联系。学生掌握新知识的过程,实质上就是一种探究、选择以及创造的过程。具体来说,就是由传授知识的过程向引导学生学会知识的方向转化,从而打破传统的基于精英主义思想和升学取向过于狭窄的课程定位,真正关注学生"全人"的发展。这种根本性转变,对于新课程整体功能的形成起到了促进作用。在基础教育领域中,实施全面素质教育,不仅要让学生具备健全的人格,还要培养他们的社会责任感,使他们能够具备创新意识,同时增强实践能力和终身学习的愿望,提高学习能力,最终真正实现课程整体功能的转变,促进学生的全面发展。

当下的课程强调的是探究性学习,传统的教师角色显然是不能适应这种学习方式的,而理解课程模式中的教师角色定位显然是与探究性学习吻合的。在理解

---

[1] 高有华.第八次课程改革"脱胎换骨"——新课程与传统课程的比较[J].辽宁教育研究,2004(1):33.

课程模式下,学生可以通过体验课程来获得对知识的直接认知,教师承担的角色往往是引导而非灌输。所以,实现师生角色的转变是促进教学方式变革的关键环节,也是践行素质教育的必由之路。

六、理解课程模式对课程发展的突破

(一)在价值取向上从"技术理性"到"解放兴趣"

本质上来说,课程开发模式的深层课程价值取向就是"技术理性",它的核心元素是"控制",在课程开发的过程中试图探求一种划一性的模式和程序。然而,这样的课程模式在实践中往往缺乏创造性。每所学校课程实践的内容和方式存在不同,用划一性的模式容易忽视学校的特殊性。对于教师而言,他们的主体性和创造性难以得到应有的尊重。对于学生而言,他们成了被控制的对象,在教学过程中置于客体地位,这样将会不可避免地压抑学生主体性的发挥。

理解课程模式强调"解放兴趣",给予学生更多的自由和权力,进入了自主独立阶段,开始出现多种研究视角,形成了丰富多彩的后现代课程研究。理解课程模式的核心价值取向是"解放兴趣",其核心元素——"自我反思",就是指通过自我的反思行为最终达到解放的程度。教师和学生可以自主地对课程进行创造,在自我反思和彼此交往中得到解放,使得师生真正成为课堂的主体。

(二)在研究方式上从量的研究到量和质的研究的整合

20世纪70年代前,在研究课程方法中,课程开发模式采用量的研究,这种方法建立在实证主义哲学信奉"客观性"的基础之上。即使用自然科学的研究方法,运用数理统计的方法,从很多个别的情境中总结课程开发的程序,并且广泛运用于所有的情境中。

理解课程模式的课程研究方法超越了量的研究,从而向质的研究进行转变,在很大程度上质的研究容易受到社会理论的影响,这种理论方法渗透了研究者价值的个人主体性,在一定程度上尊重了研究对象的独特性。派纳认为,早在20年前关于研究方法的认识论基础就应终结,在美国目前课程研究领域都是质的研究,主要包括理论研究和行动研究等。

（三）在课程内容上从知识课程到体验课程

课程开发模式的课程内容主要是知识课程,这些课程一般脱离人的"体验",都是一些书本的既有知识,把学生当成了"喂养"的对象,既有知识成了"饲料",教师则成了"喂养者",教师在"喂养过程"中占有绝对的领导地位。知识课程的内容一般不能与时俱进,难以根据学生的个性特点进行因材施教,忽视了学生主体性的有效发挥。

理解课程模式提倡的是体验课程,其中"体验"根植于学生的精神世界,集中于社会、自然、个人三者的统一,但是"体验"和"经验"并非彻底对立。体验课程旨在让学生能够健全地发展,体验课程强调的是对意义、价值理性、个性、与世界共同生存四个方面的追求,在一定程度上诠释了人的个性。理解课程模式的课程强调的是学生的体验课程,学生在课堂中独立性更强,这种课程内容与我国新课程改革理念有相似之处。

（四）在课程实施上从见物不见人到主体赋权

课程实施主要指教师对自己要教授的课程内容如何安排的过程。该过程决定了教师在整个教学过程中的角色定位,保证课堂教学目标的有效实现。

课程开发模式在课程过程中往往忽视"人"的存在,堆砌的都是一些呆板的课程内容,忽视了人的主体性的发挥,不顾人对课程的真实感受。在这种课程设计中,多数情况下设置的课程不能得到很好地落实与实践,学生在课堂中的反馈效果也一般。

理解课程模式理论强调的是主体赋权,在课程开发过程中尊重学生的个性和自由,让学生在体验课程中学到知识,消化知识,让学生在课堂中可以充分实现自己的主体价值,也可以提高学生在课堂中表现的积极性。

（五）在课程评价上从目标取向评价到过程和主体取向评价

课程评价日渐成为基础教育课程改革的焦点和难点,很多人认为课程评价改革是制约课程改革的瓶颈,所以突破瓶颈会直接影响全面而系统的课程改革。

在课程开发模式的土壤下,课程评价往往注重学生的"学业成绩"评价,即"选拔性评价",忽视"发展性评价",这种评价体系以目标取向评价为主,只关注一个结果和目标,忽视学生在学习过程中的发展和提升,这样不仅造成了严重的教育评价制度的失衡,还扭曲了学校的教育功能。

在理解课程模式下,课程评价更关注学生的发展过程,并呈现出多元化趋势。课程标准将学生、教师以及课程的发展融为一体,各学科课程标准对终结性评价和评价的筛选评判功能逐步淡化,与此同时强化过程和主体取向评价,有很多创新之处。

第三章 中小学课程内容选择策略

1859年,英国著名哲学家、社会学家、教育学家斯宾塞提出了"什么知识最有价值"的著名命题,自此以后课程内容的选择便成了一个永恒的课题,一直备受课程论专家学者的关注。

课程的各个方面都是以课程内容为中心的,很多课程问题都是围绕课程内容而展开的。课程设计是关于课程内容的选择与组织安排,课程目的是选择和决定课程内容的依据,课程评价是判断课程内容产生的结果,课程实施是课程内容的逐步实现。所以,课程内容对于课程其他问题研究而言有重要意义。

不同时代的学者纷纷对其进行专门且深入的研究。自斯宾塞拉开了课程内容选择研究的序幕后,拉尔夫·泰勒在《课程与教学的基本原理》中提出了"怎样选择有助于达到教育目标的学习经验"的问题。英国课程论专家斯腾豪斯提出了著名的"过程模式",其中提到在对课程内容进行选择时要将课程内容视为活动过程中有价值的东西。对于这些观点,我们首先应持以批判的眼光,剔除糟粕,吸取精华,从而更好地培养社会主义事业的接班人。

一、中小学课程内容选择的基础

(一)中小学课程内容选择的理论基础

1.课程内容选择的"比较价值"理论

斯宾塞在《什么知识最有价值》一文中,指出人生无涯,学有涯,所以完美全面的教育是不存在的。为了能够在有限的时间中学习最有价值的知识,斯宾塞提出了知识选择的方法:确定知识的比较价值。往上一层挖掘,衡量这个知识比较价值的标尺到底是什么呢?斯宾塞随之提出了知识选择的一个最高目的:为完满的生活做准备。最终斯宾塞对于自己的提问"什么知识最有价值",给出的答案就是:"科学知识是最有价值的。"[①]他根据人类生活的重要程度将科学知识具体划分为五大类,分别是:

第一类是健康教育课程,因为人的生命是最为重要的,是做任何事情的根本;

第二类是职业教育课程,这是为了养活自己所需;

第三类是抚养子女的教育课程,这关乎人类延续;

第四类是社会公民教育课程,这主要是人们生活在这个社会中所必须面对的问题;

第五类是休闲教育课程,这主要是随着人们空闲时间的增加,满足自身心理需要的课程。

所以一个人到底要选择什么知识进行学习要以是否能够满足其生活的需要为目的。虽然不管什么知识,多少对个人都会有用处,但是在选择知识的时候一定要注意的是它的比较价值而不是绝对价值,人们应该用最有限的时间去学习对自己而言最有价值的知识。同时,斯宾塞强调知识的选择一定是随着时代的变化而变化,不是停滞不前的。

斯宾塞按照知识的比较价值将知识具体划为五大类,这五大类的知识组成了完整的课程内容,课程内容始终是根据"人"而展开,是为了人的"完满生活做准备"的,所以中小学在选择课程内容时一定要始终围绕着"学生"这个中心思想,是为了"学生的发展",根据这个中心思想再选择出能够促进学生发展的有价值的课程内容,并且这些有价值的课程内容会随着学生发展而不停地变化与更新。

2.泰勒课程内容编制理论

泰勒在《课程与教学的基本原理》(以下简称《课程》)一书中就指出开发任何课程必须要回答四个问题,其中第二个问题"选择何种教育经验最有可能达到所需的教育目标"正是与课程内容选择的问题相一致。

泰勒在《课程》中明确列出了选择学习经验的五大原则,分别是:

---

① 王玉霞.论斯宾塞知识选择观[J].哈尔滨学院学报,2008(2):127-129.

第一条,根据目标选择出的课程内容要具有实践的可能性与可行性;

第二条,学生在学习课程内容的过程要能够得到一定满足,也就是学生在做出某种行为时能得到强化;

第三条,课程内容必须是符合学生的能力范围的;

第四条,教育目标是统一的,但是课程内容必须要具有开放性,不能提供有局限性的课程内容;

第五条,同样的课程内容会产生不同的结果,产生的一些消极的结果,要加以注意。

这就是泰勒对于课程内容如何选择做出的回答,它其实给我们进行课程内容选择提供了参考标准。

第一条,选择出的课程内容在实践中是可行的,不能在具体的教授过程中发现学生无法获取这些内容,这一标准其实也是课程内容在选择时最为基本的标准。

第二条,简单来说,就是课程内容应该是从学生角度出发,选择出一些他们有兴趣或者是他们所期望的知识,这样他们才会在获取的过程充满积极性。

第三条,主要考虑的是课程内容在选择时要满足学生身心的发展水平。

第四条,不能为了获得而选择,不能为了使学生能够达到所期望的目标,而提供一些没有任何开放性的内容,只是让他们记住一些指令性以及局限性的学习经验,这样的课程内容在选择时是不允许的。

第五条,主要讨论的是隐性课程所带来的负面影响,这个在选择课程内容时要加以注意。

泰勒所提出的课程内容选择的五大原则"可行性""满足学生需求""符合学生能力范围""开放性""防止消极结果",对能够选择合理的课程内容具有重要的借鉴意义。

3.课程内容选择的标准理论

斯腾豪斯提出了与泰勒的目标模式相对立的过程模式。他认为如果将目标确定后再选择课程内容,那课程内容已经被限定,这样不利于培养学生的创造性思维。他认为课程内容应该多增加不确定性,鼓励学生在这个过程中创造性地学习,而不是把课程内容作为一个既定的目标去学习。另外,他认为在课程内容进行选择时考虑的就是它自身所具有的价值,而不是为了达到某个目标所具有的价值。他也指出课程开发的任务就是要选择出课程内容,同时给出"学生自己做出选择""学生发挥主动""学生探究""实物教具""满足不同能力水平的学生""新背景下重审现存问题""注意一些被人们忽略的问题""教师与学生共同参与的""学生学会完善自己""与他人分享""与目的密切相关"等标准,指导人们如何选择课程内容。虽然他和泰勒一样都给出了一定的选择标准或原则,但是他们的实质是不一样的:泰勒是在目标确定后,根据给定的目标来选择课程内容,应该注意某些原则,而斯腾豪斯并没有目标,他认为在活动进行后有满足上述标准的内容就是有价值的课程内容。两人在标准中都一再强调课程内容选择要从学生出发,这是值得借鉴的。

不管是从课程内容的"比较价值"出发,还是从五大原则或者标准出发,都有一个共通性,那就是它的中心点,始终是围绕着"学生"而展开的。

(二)中小学课程内容选择的实践基础

要总结出中小学课程内容选择的历史经验,必然伴随着对中小学课程内容选择实践的考察。

1.课程内容要为生产力服务

社会生产力对课程有着非常重要的影响,课程内容必须与生产力相适应,可根据经济发展的需要做出及时和必要的调整。

在我国古代社会,生产力与教育一般处于分离状态,所以课程内容中很少涉及实用技术的知识,而以"四书五经"为主要的课程内容。

中华民国时期,由于受工业革命的影响,对实用技术人才的需求量增加。课程内容开始选用一些具有实用技术的知识。

中华人民共和国成立后,在国民经济建设的第一个五年计划时期,国家开始重视对经济的建设。课程内容增加了基本生产技术的相关知识,改变了单一的以"学术性"为中心的课程内容结构。在第一次独立自主地探索社会主义发展道路时期,人民热情高涨,试图"多快好省"地发展教育,使得课程内容过于注重生产劳动,不断否定间接经验的学习,不注重书本知识而导致教育质量下降。改革开放后,明确了课程内容与经济建设的联系,课程内容更多选择最新的科技发展成果知识以及培养技术人才的有关知识。

因此,不管在什么时候,课程内容都是与生产力息息相关的,都是特定时代下经济发展的需求。

2.课程内容受政治的影响

课程内容往往代表国家的意志和当局的要求。

古代社会,由于各诸侯国战事不断,各自为政,所以"私学兴起",课程内容选择多样化。接着,因为国家的大一统,需要一个能使国家相对稳定统一的课程内容巩固国家的统治,所以"独尊儒术"出现,课程内容在选择上开始走向固定化、集中化。

近代社会,由于我国国门被列强打开,需要学习西方的先进的知识来增强我国的国力,课程内容中增加了许多西方的科学知识。

中华人民共和国成立后,一开始由于中苏结盟,所以课程内容主要学习苏联。"文革"后国家提出了"素质教育"的口号,所以在课程内容的选择上开始注重学生的全面发展。

因此,课程内容一直随着政治的变化而不断变化,但是不管如何变化,最终课程内容一定是特定历史时期下政治的反映,这是课程内容选择的前提。

3.课程内容受文化的影响

课程与文化有着天然的血肉联系。课程内容所包含的是人类在长期的实践与认识活动中所形成的并凝结为智力劳动的知识和经验。

古代社会,深受封建文化的影响,所以课程内容多是三纲五常的内容,具有严重的等级性。这些内容渗透进学生学习与生活的方方面面。它不仅从思想上将人禁锢,还限制人的行为。

到了近代社会,由于受西方自由文化的影响,课程内容中包含了许多个性自由的内容。

到了现代社会,由于理性批判精神的影响,课程内容更加关注人的全面发展,从人的全面发展的角度来审视课程内容。

4.课程内容的编排始终有一定的逻辑体系

不管是在古代社会,还是近代社会,还是现代社会,我国的课程内容在编排上都会有一定的逻辑体系。

古代社会儒家的"六经"中《诗》《书》《礼》《易》《乐》《春秋》,其编纂是有一定的逻辑体系的。

近代社会也是如此。如《国文百八课》中,按照"文话"和"文法"体系编排课程内容,各篇又分别按照字、词和短语、句子这样的逻辑体系进行编排。

到了现代社会,也是如此。如数学这门学科,它始终以数、式、方程、函数、统计为一个逻辑体系来编排课程内容,从简单到复杂,从静态到动态,从平面到空间。①

5.课程内容选择始终围绕一个中心思想

这一历史经验在古代社会尤为凸显。

在古代社会,虽然百家争鸣,但是不管是哪家学派,最终都可以总结出一个中心思想,如儒家思想的"仁""礼",墨家的"兼爱""非攻"。不管其课程内容有多少,最终都会回到这个出发点上。

但是在近代和现代的课程内容选择上,这一经验有所缺乏,更关注的是课程内容本身按照学科的逻辑体系来处理,每门学科的内容相对分散而无法总结出一个中心思想。因此,这一历史经验,在现代课程内容选择时,应该加以重视,加以借鉴。

6.课程内容选择具有一定的稳定性

课程内容虽然依据时代的发展,一直在不停地调整,但是始终保留了其根本知识,这些根本知识可以称为人类的精华,它们保持了一定的稳定性。例如"整式""分式""一元一次方程""二元一次方程""几何"等这些作为基本内容,一直被选进数学课程内容中。"字母""一般现在时""现在进行时""一般将来时"等内容,不管英语课程内容如何变化,它们始终保留,保持了课程内容的稳定性。这也为我们的课程内容选择提供了参考作用。

7.课程内容选择从学生出发

这一历史经验主要从近代社会开始有所变化。随着实用知识在课程内容中所占的比例越来越大,学生能够学习到更多与自身生活实际相关的课程内容,甚

① 张盈盈.建国以来初中数学课程内容的变迁研究[D].武汉:华中师范大学,2014:32.

至在这次新课改中将课程内容选择由原先的注重"知识"转变到全面关怀"人"上，所有的课程内容选择就是为了学生的发展，所以这一点是时代发展所趋，也是在课程内容选择时我们要加以借鉴的。

另外，课程内容在进行选择时要注意学生自身的身心发展特点，而不是直接将成人生活所需的实际经验直接强加给学生。学生应该是课程内容的开发者，是自己课程的主体。课程内容在进行选择时一定要充分考虑学生的最近发展区，使其在学习课程内容的同时，能在此基础上加以创造。

（三）现代课程内容发展趋势

21世纪以来，互联网技术产生与发展，使人类的生活发生了翻天覆地的变化，对于学校教育中的课程内容而言，也产生了很大的影响。在这样一个高速发展的时代，课程内容根据学科、学习者以及社会等内容进行有效组合，可以实现学生自身整体素质发展。课程内容在选择上呈现出一系列的发展趋势。

1.重视信息技术知识

信息技术的迅猛发展给社会带来的变化是巨大的，对于课程内容而言也是如此。

首先，信息技术从科学中独立出来，成了一门专门的学科，课程内容中增添了有关信息技术的知识。随着社会的不断发展，人们对信息技术的重视度不断提升，为了培养学习者的信息素养以及使之获得与信息相关的知识，在选择课程内容时信息技术知识的比重在不断增加。

其次，信息技术不光作为一门单独的学科而出现，它也逐步渗透到整个课程理念中，它使课程内容与以计算机多媒体为基础的现代化信息技术结合起来。学生的视野得到了极大的拓展，同时为学生自由地学习探索创造了条件。所以课程内容中不断提升对信息技术知识的重视程度，它丰富了整个课程内容，同时为课程内容与社会更为紧密的联系提供了条件。

2.重视个人知识

课程内容在选择上的另一大趋势，就是对个人知识的重视。各国的新课改都在朝着一个共同的方向发展，那就是注重学生个性的充分发展。因此，尊重学生主体,把学习者的直接经验作为课程内容的重要组成部分。

传统的基础教育课程,课程内容只是注重知识的传授,学生被动地接受一些预设性的知识。然而,随着社会的发展,不断强调学生自身的发展,需要学生主动探究,主动学习。所以,在课程内容中增加了许多有关学习者经验的知识,这些知识更倾向于"生成",从而激发学生内在的动力,增强其创新的意识,促使其得到个性化的发展。

3.强调各学科之间的统整

传统的课程内容主要是根据各学科的逻辑体系编排的,各学科之间彼此是独立的,因而每个课程的内容是割裂和孤立的。但是这样的课程内容并不符合时代的要求,也不利于学生的发展,所以课程内容的发展更为强调的是将分割的课程内容依据课程之间的价值联系、逻辑性或者结构性、实用性以及学生的认知程度有机地整合起来。[①]这样的课程内容使学生不再单一地学习某一门学科知识,而是让学生学习灵活多样并且与生活息息相关的综合课程。这种综合的课程内容符合学生的认知特点,容易理解,便于体验,既有利于解决每门课无限的扩充,又有利于加强课程与社会实践的联系,培养学生学习综合知识以及解决实际问题的能力。

4.重视基础学科的知识

基础教育是学校对学生进行的最基本的教育,是为学生终身学习和今后的发展提供基础知识,这就要求课程内容在选择时必须要有基础性,是共同的基础知识,以及能够产生知识的知识。这些知识对于不同环境成长的学生来说都是以后学习和工作必备的知识。美国有专家指出,学校教授的知识数量虽然越来越多,但是教学的重点还是应该集中在最基础的学科内容中,并且使学生有效地掌握。[②]英国曾有专家提出,不管是1988年的国家统一课程,还是之后进行的一系列改革,都始终保持语文和数学这两门学科内容的核心地位。

5.加强道德教育

虽然科技的发展给社会带来了进步,但是也给人类带来了一定的不利影响,

---

① 有宝华,张静.综合课程内容的基本问题分析[J].全球教育展望,2001(7):50.

② 国家教育发展研究中心.发达国家教育改革的动向和趋势(第四集):美国、日本、英国、联邦德国、俄罗斯教育改革文件和报告选编[M].北京:人民教育出版社,1992:2.

有人信奉极端利己主义。加强道德教育,逐渐成为课程内容的新重点。新加坡有专家提出,由于工业等影响,公民的道德水平低下成了新一轮的道德问题,为了解决这一问题,学校必须与家庭、社会教育结合,对公民进行道德教育。因此,课程内容要加强道德教育,也成了当今世界课程内容发展的一大趋势。

课程内容要根据学科、学生以及社会三者的统一需求进行选择,既要注重基础知识和基本技能的积累,又要依靠综合内容来最大限度地体现知识的整体面貌,从而构建一个完整而有机的、使学生的综合素质得到提高的、让学生全面健康成长的基础教育课程内容体系。

二、中小学课程内容选择的目标和价值取向

(一)明确中小学课程内容选择的目标

首先,在对课程内容选择之前,最为关键而且重要的一步就是确定课程内容选择的目标,即选择出的课程内容到底为了达到什么目的。其核心就是要回答"教育到底是要干什么"的问题。只有先把这个问题确定后,才能对课程内容进行接下来的选择。我国课改所提倡的课程观深受建构主义课程观的影响,其中建构主义者认为知识会随着时代的发展而不断更新,所以知识并不能精准地概括世界,它需要针对不同的情境进行再创造。

其次,知识并不能以实体的形式存在于具体个体之外,所以不能把知识作为预先决定了的东西教给学生,只能依靠学生在具体的情境中自己构建来掌握知识。从这些思想中可以发现建构主义是充分尊重人的主体价值的,因为知识的获取是需要人自身去建构的,并且课程发展的一大趋势就是"个性化",所以当今的课程价值观应该就是尊重学习者的主体价值,充分调动学习者的个性发展。在课程内容选择中,就应该时刻关注学习者的主体价值以及个性发展,以此来选择课程内容。

21世纪初我国教育部印发了《基础教育课程改革纲要(试行)》这一文件,其中对新一轮基础教育课程目标做出了明确的规定。课程目标主要分为总目标和具体目标两大类,其中总目标贯彻始终,体现时代要求。这里主要关注一下具体目标中对课程内容所做出的要求:改变课程内容难、繁、偏、旧和过于注重书本知

识的现状,加强课程内容与学生生活以及现代社会和科技发展的联系,关注学生的学习兴趣和经验,精选终身学习必备的基础知识和技能。从这个具体目标中,可以发现几个关键词"学生""生活""社会""科技""兴趣和经验""终身学习""基础知识和技能"。这些关键词体现了课程内容选择上的三个重点:

第一,课程内容始终围绕学生而展开。这是课程内容发展的一大趋势,同时是建构主义课程观中"尊重人"思想的充分体现。

第二,其实在具体目标中已经对课程应选择哪些内容做出了一个总体要求,应该是与学生的生活、社会、科技、终身学习相关的知识。

第三,非常重要且不容忽视的一点,课程内容不光是"知识",还有"技能",但是我国的课程内容在选择上还是主要以单一的知识为主,技能还没有得到很好凸显。

因此,要根据课程的总目标和具体目标来选择相应的课程内容。

(二)明确中小学课程内容选择的价值取向

1.社会生活价值取向

课程内容与社会生活有着毋庸置疑的联系,课程从产生就与人们的生活关联在一起。

从我国古代社会的"四书五经"开始就是如此。表面上看"四书五经"与社会生活并无多大关系,其实十年寒窗的学子只有通过熟读"四书五经",才能走上仕途,光宗耀祖。

21世纪,科学技术飞速发展,知识经济凸显,国际竞争激烈,全球化问题突出,信息化正在普及,课程内容也要体现相应的社会生活的需要——紧跟先进的科学技术,培养民族意识、全球意识、文化包容意识、终身学习意识、熟练掌握计算机知识与技能等,这些内容在课程内容选择时一定要加以凸显,这样才能使学生和社会紧密联系在一起。[1]

课程内容虽然应该紧跟社会生活,但是课程内容一味地屈服于社会生活知识,也是不对的。只有在不断批判与超越社会经验的同时,不断建构新的社会生活经验,才是人们应该追求的课程内容。

---

[1] 王永红.关于课程选择的论争与思考[J].课程·教材·教法,2009(8):3-10.

2.知识价值取向

新的知识观认为,知识不具有绝对的客观性,而具有相对的不确定性,知识依存于知识的掌握者,人与知识紧密联系在一起。知识是开放的,不是封闭的,知识的形成是一种主体与客体、主观与客观相互交融的复杂状态,知识的传播方式是多样化的。

知识的本质是具有情境性的,任何知识都是存在于一定的时间、空间、价值体系、理论范式、语言符号等因素中,不能离开特定的情况。知识也具有理解性,是主体与主体之间的理解与合作,是主体与客体之间的沟通与对话。知识还具有不确定性,它并不能总是精确地预测与反映即将出现的结果,总是处于一种不断生成、不断修正与不断完善的状态之中。

因此,知识与人的关系不是机械决定的关系,不是占有与被占有的关系,对待课程知识内容,应确立新的价值取向。

第一,重视知识的发展价值。

知识的价值不仅仅局限于低层次的功利价值和认知价值,知识的价值更重要的在于它的发展价值。知识的发展价值处于价值系统中的最高层次,它关注的是情感过程、意志过程和人的个性心理特征。

第二,知识都应该是平等的。

"唯科学知识独尊",进行"知识霸权",排斥其他知识,这样的做法是错误的。知识的类型是多样的,科学知识只是知识王国里的一种,知识没有等级之别,只有类型之分,每一种知识应该是平等的。

第四,知识获得的途径是生成与建构,不是死记硬背。

知识的获得是一个积极对话的过程,是个体在已有知识基础上对新知识的主动生成与建构的过程。在信息社会和知识经济社会中,知识首先应被看成是一种信息,教育的功能主要表现在促进信息的共享与增值,学生要学会的不是死记硬背知识,而是首先学会如何选择、组织、整理知识和信息。

3.学习者经验价值取向

学生是有着完整的人的生命的表现形态、处于发展中的、以学习为义务的人。他们是具有旺盛生命力、具有多方面发展需要和发展可能的学习活动中不可替代的主体。学生是作为生活着的人接受教育的,又是孕育着课程生活和追求课程生活的人。因此,他们不是既定课程内容的被动接受者,而是课程的创造者和开发者。合理的课程内容应当指向人的整体性的生成与发展。课程内容只有走入学生的生活世界,从关照生活世界中的学生出发,才会真正具有生命的活力和生活的价值。

通过对上述几个课程内容价值取向的分析,可以发现课程内容在选择时不论是关注学科知识还是社会生活,最终都要围绕学习者而展开,才能选择出最正确的课程内容。如果只注重学习者的经验,不考虑学科知识以及社会生活,这是不全面的。如今,在课程内容选择中应该以学习者经验为核心,再整合学科知识和社会生活,才能体现时代精神的课程内容。

三、确立中小学课程内容选择的标准

课程内容选择的目标已经确定,应该是始终围绕学生的整体发展而选择课程内容。再加上对课程内容选择价值取向的分析,可以发现课程内容选择时在围绕学习者经验的基础上还要考虑学科知识和社会生活,三者融合,这样的课程内容才是完整的。然而,这只是课程内容选择的第一步,在确定了课程内容选择的目标及价值取向以后,还要进一步确定相应的标准,从而选择出更有价值的课程内容。

(一)从学生角度确定课程内容选择标准

斯腾豪斯在对课程内容的价值进行解释时,给出了一系列标准,每一个标准都是围绕学生而展开。通过对这些标准的借鉴,从学生角度出发,对课程内容选择标准确定如下:

1.有利于培养学生的探究能力的内容

探究主要指的是人类在参与某项活动时,由于活动中一些未知的因素而引起的探索和研究该项活动的欲望,并通过一系列的认知手段达到对该活动的了解的一个过程。这是人类区别于其他生命体的一个重要特点。

在课程内容的学习过程中,学生作为一个生命体而言,应该是在不断地探索、追寻新鲜的事物。这样的活动才不同于以往对知识的服从与接受,而是通过学生自身的主动探究,得出个性化的知识。

培养学生探究能力,课程内容应该满足以下要求:

第一,课程内容中有能够体现学生担当主动的角色的内容。

这样课程内容能够培养学生探究能力。学生要想探究,首先当然是对这个问题有主动去了解、去解决的欲望,所以在课程内容方面要选择那些让学生主动参与的内容,这样更能促进其探究能力的培养。

第二,能够有学生的"冒险"。

这里的"冒险"并不是冒任何生命风险,而是对于未知的问题,能够勇敢地进行探究,找寻问题最终的答案。

第三,要有学生的反思。

学生对于自己所得的结论有一个深刻反思的过程,其实也是培养学生探究能力的一部分。所以满足这几点的课程内容,最终会有利于培养学生的探究能力。在同等条件下,如果课程内容在选择时能够多选择一些促使学生主动探究的内容,那这样的课程内容就更有价值。

2.有利于培养学生的创造力的内容

对于一个人而言,不可能是静止的,既然存在,那就有变化,人的生命就是一个一直创造更新的过程。在课程内容选择时也是如此。如果一些课程内容只是教授学生停滞不前,不给他们提供创造的机会,不教会他们如何习得创造的能力,那这样的课程内容一定是与时代要求相悖的。

在课程内容中,将成人生活所需的一些知识和价值观传授给学生,并且希望所有的学生都能够以这样的方式学习与生活,这样的课程内容其实是对学生的一种束缚。

要想使课程内容更有价值,那应该选择一些更利于学生进行创造的内容。

第一,课程内容中有要求学生在一个新的视角下探寻某项活动,或者解决某个问题,不管这个问题是新的,还是已经被他人研究过的,只要学生能从新的角度进行审查,那这样的课程内容就能够培养学生的创造力。

第二,如果课程内容中有让学生去解决不被大众所熟知的或者被大家所忽略的问题,那这样的课程内容能培养学生的创造力。

第三,如果课程内容中有要求学生去完善或者改写他们已经解决的问题,那这样的课程内容能培养学生的创造力。

学生的创造力是巨大的财富。教师在教学生时,面对学生一些创造性的想法或者回答,不应该主观判断其是"对"还是"错",而应该通过这种"错",进一步挖掘其创造空间,激发学生在原有课程内容基础上进行创新,促进学生个性发展。满足以上几点标准,对学生创造力的提高具有重要的意义。

3.有利于兼顾不同能力水平的学生的内容

课程内容在选择的过程中虽然三个价值取向都要考虑,但是不管怎样,最终选择出的课程内容都是相对固定且统一的。我国主要实行的是班级授课制,面对每个班这么多不同能力水平的学生,课程内容如何做到兼顾?这是我们在选择课程内容时需要回答的。如果选择出的课程内容只能使部分学生成功完成,还有一些水平较低的学生无法完成,那这些学生的信心会受到打击,从而出现厌学现象。所以,在课程内容选择的标准中,具有不同能力水平学生都要考虑到,一个真正有价值的课程内容应该是身处不同能力水平的学生都能成功完成的,这样课程内容才会更有意义。同时课程内容的选择要充分考虑到学生的"最近发展区",不宜过难或过易,要指向学生未来发展的需要,为学生的终身学习奠定基础。所以在课程内容选择时一定要使身处不同能力水平的学生都能成功完成,这样有利于学生自信心的树立,这样的课程内容才具有价值。

4.有利于培养学生的合作能力的内容

与他人合作完成某项共同的活动,其实就是新课改所倡导的合作学习。面对某一项活动,学生能够与他人一起参与,在进行的过程中相互交流、相互学习,培养他们形成合作的精神。现在的学生,多数是独生子女,合作意识缺乏。课程内容在选择时就需要特别关注对学生合作能力的培养。

第一,课程内容中有学生之间或者师生之间的相互交流或者共同参与某项问题,那样的课程内容更有意义。

第二,课程内容中有提供给学生与他人分享的某个东西,那这样的课程内容有利于学生合作能力的培养。

在与他人的合作中,学生还能相互学习,填补自身不足。所以课程内容在选择时一定要选择那些能促进学生与他人合作的内容,这样的课程内容才更有价值。

（二）从社会角度确定课程内容选择标准

课程内容选择的价值取向之一就是社会生活，所以在确定课程内容选择标准时社会生活也要考虑在内。社会涉及政治、经济以及文化，它们对教育都会产生影响，同时教育会反作用于它们，所以课程内容选择的标准需要关注社会的政治、经济以及文化方面。

1.满足政治需要的内容

教育是按照特定政治的需要来限定人的培养规格和发展方向的。因此，衡量课程内容是否具有价值的一个尺度就是是否能满足政治的需要。事实上，课程内容往往最能直观反映社会对教育的各种要求。从政治上来讲，课程内容其实是国家对未来人才要求的直接体现。在对中小学课程内容选择的历史进程进行梳理时，就会发现这一点。

古代时期的"百家争鸣"是各国需要人才所致，"独尊儒术"是因为统治者需要统一的思想以达到国家的稳定统一。近代课程内容选择开始增加实用主义的知识，是因为我国国门被迫打开后，必须学习科学技术才能增强国力。而到了现代更是如此。各个时期的课程内容都是根据当时的政治需要来进行选择的。所以说课程内容要满足政治需要，这样的课程内容才更有价值。

那到底什么样的课程内容才是满足政治需要呢？

第一，应该满足特定的意识形态，这是前提。我国是社会主义国家，所以马克思主义思想始终对我国有重要影响。同时，由于不同时代的发展，提出了"三个代表"重要思想、科学发展观以及社会主义核心价值观等，在课程内容选择时对其有所体现，才能满足政治发展的需要。

第二，课程内容在选择中还应包括爱国主义教育、集体主义教育、法制教育以及社会公共教育等，这也是政治的组成成分，这些在课程内容选择上也要得到体现。只有满足这些需求，才是有价值的课程内容。

2.满足经济需要的内容

课程内容的选择还必须与经济发展水平相适应，要根据经济的发展做出相应的调整。随着"科教兴国"战略的提出，我国明确了学校课程内容与社会主义经济建设之间的密切关联性。近现代科学技术的飞速发展,特别是现代工业的发展,使得课程内容中所呈现的经济价值、科技价值逐渐得到了人们的重视。

因此,在课程内容选择时,需要关注实用性知识以及职业教育的内容。

第一,要选择实用性知识。

社会对学校提出实用型、技术型人才的培养要求,所以我们在选择课程内容时,为了满足经济的需要,当然要不断扩大实用性知识的比例。

第二,课程内容中要增加有关职业教育的内容。

由于在校学生的实践能力薄弱,课程内容应该加强对学生以后职业生活技能的培养。

在课程内容中应该体现科学技术、实用性知识、职业教育等相关的知识,满足经济发展的需要,这样课程内容才更有价值。

3.满足文化需要的内容

课程和文化有着天然的血肉联系。它所包含与表达的是人类在长期的实践与认识活动中所形成的并凝结为智力劳动的知识和经验。文化是课程的基本内核。文化主要包括制度文化、精神文化、物质文化、民族文化等,而课程内容是文化得以传承和发展的重要途径。

在文化方面,课程内容应该满足以下几点需要:

第一,文化的平等性。

我国作为一个拥有五十六个民族的国家,首先应该做到的就是各个民族文化的平等对话,或是在此基础上的交融。虽然我国有其主流文化,但是为了防止少数民族文化断层,在课程内容选择时应该注意文化的平等性,这是非常重要的。

第二,现代文化和传统文化的统一。

传统文化有其精华,而现代文化也是时代发展所需,所以在现代文化和传统文化进行碰撞的时候,最好的解决方案就是"扬弃",在课程内容中传承传统文化,推进现代文化,实现现代文化和传统文化的融合统一。

第三,文化的整体性。

要将各个文化进行融合统一,不能对其进行肢解,要从整体去把握所有的文化。因此,课程内容要满足多元文化的需要,这样的课程内容才更有价值。

(三)从知识角度确定课程内容选择标准

选择和发挥知识的作用,就要重视对知识的选择与加工,通过不同的知识组合的作用,包括把人类在创造文化的过程中所表现的精神和所形成的智慧,展现在学生面前。解决好什么知识最有价值,对谁有价值的问题。

课程内容的选择,从知识层面看,应做到四个方面:

第一,以知识本身的需要作为课程内容选择的出发点和归宿,追求知识结构的完整性、知识内容的逻辑性与系统性,以及知识的融合性和连贯性。

第二,体现有利于人类需要解决共同关心的问题的那些知识。如人类的健康成长问题、生产力的发展问题、科学技术的发展问题等,这是人类生存和发展需要的知识,既是本能使然,又是形成课程内容的原动力。

第三,体现各类群体利益共同需要的知识。这些较少政治色彩、较少意识形态的烙印,虽具有强烈的功利性需求,却是长期永存的知识。

第四,课程内容选择要解决一个对谁有价值的问题。根据政治的需要来选择课程内容,虽然在价值理念上充满了相对性,在价值取向上带有强烈的集团性,但必须承认这是影响课程内容的价值取向的重要因素。因此,在课程内容选择时,要体现社会主义核心价值体系的知识。

四、建立中小学课程内容选择的机制

"机制"一词,原指机器的构造和动作原理。生物学和医学通过类比借用此词,指生物机体结构组成部分的相互关系。现已广泛应用于自然现象和社会现象,指其内部组织和运行变化的规律。

运行机制,是指在人类社会有规律的运动中,影响这种运动的各因素的结构、功能及其相互关系,以及这些因素产生影响、发挥功能的作用过程和作用原理及其运行方式。

课程内容选择的机制应包括选定制、问责机制、评价机制、更新机制等几个要素。下面介绍国外相关情况。特别需要注意的是,国外的做法不一定适合当前我国需求。照搬照抄国外经验显然并不妥当;持以批判的眼光,吸收有益的因素,才是稳妥的做法。

（一）课程内容实行选定制

我国的新课程改革在课程内容的审定制度上沿用了国家审定制，课程内容审定由教育行政主管部门来进行。课程内容被当作一种"行政文件"，带上了行政色彩，国家对于课程内容严加审定。

为了更加有利于课程内容的使用，可以酌情采用选定制。

这里以美国加利福尼亚州为例，详细说明选定制是如何实行的。

首先，是对送审课程内容的审查，主要包括三个方面，分别是课程内容的社会意义、课程内容的教育意义、公众参与。①根据这三种审查内容，成立了三种审查小组：第一是社会内容审查小组，主要由社会中不同年龄、性别、种族以及文化层次的人组成；第二是教育内容审查小组，这个小组都是由专业人士组成，包括教师、课程专家、高校职业人员；第三是公众评价，这一项包括了州里的所有公民，他们可以去专门陈列送审课程内容的中心进行参观，同时可以留下自己的意见和建议。相关教育部门综合这些意见和建议后，最终选择出若干种教科书，制成最后的用书一览表，供各个学区和学校选用。选定制能使地方学校拥有一定的自主权，但是容易滋长地方保护主义倾向，不利于全民素质的普遍发展。我国中小学目前采取"统编"教材，回归"审定制"。

（二）审定小组成员问责机制

权利和义务是不可分割的。特别对于课程内容审定小组而言，他们的工作与教材联系紧密，而课程内容作为传道授业的蓝本，承担着教书育人的重任，所以审定小组的工作不容忽视。审定小组的成员，一般都会尽职完成任务，但还是会出现课程内容出错的现象，因此对审定小组成员引入明确的问责机制，就有其必要性。

在课程内容的审定过程中，需要配以相应的问责机制。如，在使用的过程中，如果发现错误率超过某个值，那就应该施行相应的问责机制，对履行这一工作的小组成员追寻其原因，并给予相应的惩罚。这样或许能够对审定小组成员施压，从而减少课程内容的错误率，防止一些不良行为的发生。

---

① 谭赟.美国中小学教材审查及选用特点分析——以加利福尼亚州为例[J].现代中小学教育,2004(10):46-49.

（三）课程内容专人评价机制

课程内容的审定主要针对的是内容可不可以教授的问题，课程内容评价却是对课程内容在教授以后的反馈，所以两者在方向性上是不一致的。我国目前对课程内容的审定与课程内容评价不区分，执行同一标准，这样其实并不能很好地发挥两者的作用。

课程内容评价，首先，应该与课程内容审定区分开，制定专门的评价标准，在制定编订标准时可以借鉴审定的类似方法。如，可以融合课程专家、社会非教育人士以及教师、学生的评价。教师和学生作为内容的直接接触者，如果不参与评价过程，那这样的评价是没有意义的。其次，评价标准的制定应该考虑到定性评价和定量考察两种标准的有机结合，虽然最终的定性评价很重要，但是一些平时的定量考察也不容忽视，往往一些问题在平时的定量考察中才会被发现，所以对于定量考察的标准也要进行翔实的制定。

课程内容的评价只有在综合各方意见并伴以定量考察与定性评价的基础上才能有一个全面的评价，并且评价所得的反馈意见才能更好地促进课程内容的选择。

（四）课程内容定期更新机制

在课程内容更新上，应该建立专门的课程内容更新专人负责机制，主要是选择一些人来专门负责课程内容的更新。他们主要的职责就在于：

第一，要保证课程内容的时代性。时刻关注发展前沿，定期更新课程内容，剔除旧的内容。

第二，要保证课程内容的优质性。虽然教材一方面要定期更新，但是更新的同时要保证课程内容是经过精心挑选，有价值的内容。

第三，要负责课程内容在教师和学生使用中信息的反馈，甚至是相关读者的反馈。这些都是非常重要的，这样能够更加有利于课程内容的更新。

虽然教材要实时更新，但毕竟是作为学生直接学习的东西，如果动不动就变化，可能会使学生难以适应，所以在课程内容进行更新时可以考虑每三年更新总量的5%，这样不仅可以删除一些旧知识、增加新知识，还可以防止上述问题的发生，同时促使教师必须根据新的内容来更新自己的教学方法。

在建立课程内容更新专人负责机制的同时,要在课程内容本身上进行改变。教师在选修课时大量采用微型课程,将最新的课程内容教给学生。[①]微型课程的时间短,但是内容是集中的,主要针对某一热点进行深入的学习。因此,要求教师要深入研究某个问题,同时抓住前沿的研究成果,开发相应的课程内容,这样学生才能学习到现代科学最新的知识。

最后,在课程内容的更新上要市场化。在美国,主要通过市场竞争不断更新课程内容。课程内容的编订、出版与销售都是纳入市场的,而行政部门主要负责审查与监督。所以不同的出版社会依据市场要求与反馈意见进行课程内容的编写与修订,完成编写后各个出版社再将其编写的课程内容交给行政部门进行选择,而很多州的行政部门会根据市场意见和严格的审定最终确定选用哪些课程内容,这就使得不同的出版社要努力提升课程内容的质量,让其能够得到公众的接受,还要被行政部门认可。出版社还会吸纳非教育人士的意见,使课程内容涵盖面广,结构均衡,关注各领域的最新发展。

五、中小学课程内容选择的步骤

课程内容到底如何选择,如何确定课程内容选择的基本步骤,这是对课程内容选择进行构建的重要问题。在步骤的确定上,这里主要借鉴两位在课程开发上有卓越贡献的课程专家。第一位是博比特,他第一次把课程开发视为一个专门的学术领域进行研究。第二位是查特斯,他的研究主要是在博比特基础上的进一步完善。

博比特科学化课程开发的方法被人们称为"活动分析法",其具体过程主要包括以下五个步骤:

第一,人类经验的分析。

我们的教育既然是为了成人的生活做准备的,那么一个成人其生活需要哪些经验,这是首要考虑的。

第二,具体活动或具体工作的分析。

这一步骤主要是对上一步骤的具体化,将所需的经验进一步具体到某一活动中。

第三,课程目标的获得。

---

① 张文学.美国基础教育课程内容更新机制及其启示[J].湖南第一师范学院学报,2006(3):53-55.

这一步骤主要是对于具体活动所需能力的清楚陈述,也是参与活动后学生所要掌握能力的具体要求。在这一步骤中,博比特一再强调课程目标是非常具体的而且是标准化的。

第四,课程目标的选择。

从上述陈述的目标中选择适合学校教育的目标,作为教师与学生的行动纲领。

第五,教育计划的制订。

这一步骤非常重要,是在上述步骤的基础上,对学生所要掌握的各种活动、经验的选取与设计。这一步骤必须要根据不同年级儿童的发展需要进行详细计划。

查特斯课程开发,与博比特极其相似,但是查特斯首先确定的是目标,然后选择课程内容,在选择过程中,必须始终根据目标对课程内容进行评价。

博比特的"活动分析法"以及查特斯的课程开发过程都有其自身的优势,并且对中小学课程内容选择步骤的确定有一定的借鉴价值。通过对二人课程开发过程的共性分析,可以对课程内容选择的步骤进行合理的建构。

(一)分析课程内容现状

课程内容选择以前,要对课程内容现状做基础性的分析工作,这是选择课程内容的前提。

第一,分析课程内容是否符合学习者自身的需要。

教育是改变人行为模式的过程,因此,了解学生的现状和需要,才能找到能引起学生思维、情感、外显行为变化的课程内容。

第二,分析课程内容是否符合当代生活的需要。

教育应为学生参与当代社会做准备,因此要分析社会生活中的决定部分,揭示在社会生活中有机会运用所学的知识,学生只有感觉到课程内容与生活情境相似时,才能将学习内容迁移到生活情境中。

第三,课程内容的心理学分析。

在学生的发展中,哪些行为是经过教育后能变化的,哪些行为是不能通过教育发生变化的,要区分开来。因此,课程内容应该是能促进学生行为变化的内容。

第四,课程内容的哲学分析。

对学生的发展或成长的目标,要区分出哪些是特定年龄段实现的目标,哪些是需要花很长时间才能实现的,哪些是不可能实现的。因此,要选择有利于实现特定阶段目标的内容,也要选择有利于长时间实现的内容,同时要排除不可能实现目标的内容。

第五,分析课程内容的组织方式、特征、原则。

课程内容的组织方式,如纵向组织、横向组织。课程内容的组织特征,如连续性、序列性,整合性。课程内容的组织原则,如逻辑组织原则、心理组织原则。

第六,分析课程内容的层次。

最高层次的科目,如学科课程、广域课程、经验课程的设置;中间层次的科目,如按序列组织的课程、学期或学年的课程等设置;低层次的科目,如课、课题、单元课的内容等。

(二)确定课程内容选择方法

从课程内容选择的目标到课程内容选择的取向,都可以发现新时代下的课程内容是在以"完整的人"为背景,要求培养的是全方位的人才,所以课程内容选择的方法就应该是"综合"。针对的学科与学科之间以及学科与社会生活之间的"综合",我国现在还处于相对较浅的层次。

20世纪90年代末到21世纪初,一些发达国家已经运用这个方法对课程内容进行选择。如法国在2000年初的改革中提出了"学科极"这一概念,它主要指将几门学科组合在一起,指向某一主题。国家教学大纲委员会根据各门课程的内容将各个课程分配成了三个学科极,涉及表达、关于人的知识、关于世界的知识。瑞典在新的课程改革中,主要将课程进行模块组合以达到课程内容综合化的效果。荷兰根据课程内容将课程分为语言与数学、社会科学与自然科学、健康教育与交通安全教育、艺术教育、游戏与体育五大类课程。韩国主要是将课程内容分为几个领域,分别有基础领域、探索领域、体育艺术领域、生活人文领域。

我国可以借鉴这些国家的做法,将我国的课程内容根据一些"主题"进行综合,以促进课程内容选择的综合化。那到底课程内容应该根据哪些主题进行选择呢?这也是课程内容选择过程需考虑的重要一步。

费尼等人认为学习的领域最基本应包括社会、智力、身体、情意四个部分。

我国在新一轮的课程改革中也明确指出学生在知识与技能、过程与方法、情感态度与价值观等方面的基本要求,据此可以将主题分为五类:

第一类,启发性主题,主要是启发学生智力,帮助学生思考的;

第二类,技能性主题,主要是对学生动作技能的培养;

第三类,沟通性主题,主要是对学生语言能力与他人沟通能力的培养;

第四类,情意性主题,主要是帮助学生表达情感,陶冶情操;

第五类,活动性主题,主要是培养学生在自己生活经验中解决问题的能力。

这五大类主题囊括了对学生的基本要求。只有包括人所需的这五大类主题,学生才能得到全方位发展。

(三)考察国外课程内容

课程内容根据人学习的要求分为五大类主题,下面就要在这五大类主题下选择相应的课程内容。这里可以对国外一些国家的课程内容进行列举分析,找出值得我国在课程内容选择上借鉴的地方,这对我国课程内容的完善有非常重要的作用。

这里根据地理位置选出具有典型代表性的国家:

美洲,主要选择了美国和加拿大;

欧洲,主要选择的是英国;

亚洲,主要选择了与中国相邻的韩国和日本。

美国的课程内容有英语、数学、科学、阅读、公民、经济、艺术、信息技术。[①]

加拿大的课程内容有英语、数学、社会(历史、地理、哲学、法律、心理学)、科学与技术(物理、化学、生物、计算机)、体育与健康。[②]

英国的课程内容分为核心课程和基础课程。核心课程有英语、数学、科学;基础课程有艺术与设计、公民教育、信息和交流技术、设计与技术、语言、地理、音乐、历史、体育教育、宗教教育、性教育、人际关系教育。[③]

日本的课程内容有语言课、理科数学教育、传统文化教育、道德教育、体验活动、外语教育。[④]

韩国课程内容有国语、历史、科学、前途教育(升学指导、就业指导、生活指导)、信息教育(新课改专门规定如何加强与其他科目的融合)、经济教育、安全保

---

① 龙安邦.基础教育课程改革中的效率与公平[D].重庆:西南大学,2013:85.

② 和学新.新世纪以来加拿大基础教育课程改革及其启示[J].当代教育与文化,2013(6):36-45.

③ 吴晓敬.英国课程改革新标准述评[J].教学研究,2014(3):114-120.

④ 陈城城.日本现行《学习指导要领》修订研究[D].长春:东北师范大学,2012:28-29.

健教育与性教育、道德教育课程。①

各个国家最新的课程内容,能给我国课程内容的选择带来很大的参考价值。这五个国家的课程内容,既有共性,又有个性。

1.课程内容的共性

这些国家在一些课程内容的选择上是存在共性的,即外语、数学、科学这三门课程,它们的课程内容是最基本的也是最核心的。不管社会如何发展,这三门课程的内容是人类经验的精华,是一直保留传授给学生的。因此,我国在选择课程内容时,这些内容是不可缺失的。

由于社会发展的需要,课程内容也在不断更新。其中一些社会问题是全世界所共有的,所以一些课程内容在这几个国家中也有凸显。

例如,信息化发展下各个国家都选择相应的信息技术课程内容教授给学生,韩国最新的新课改修订方案中就对信息技术课程内容如何选择做出了明确规定:一方面,在所设定的计算机课程中要选入信息技术的内容,另一方面,在其他一些学科内容中要选定部分信息技术内容加以融入,可以设成单元或者作为解决问题的素材或者作为后续学习的课题等。因此,信息技术的内容越来越受到各个国家的重视。

另外,性教育在部分国家也有提出,但是我国在这方面相对有所缺失,需要学校在课程内容中适当增加这方面的知识,使学生形成正确的性认识。这对我国的青少年来说是非常重要的。

2.课程内容的个性

不同的国家,不同的课程改革背景,就会产生不同的课程内容。

在美国,奥巴马提出了"全面教育改革计划"。国家为了重新树立学生对基础知识的重视度,将重心开始转移到学生的"阅读"上。因此,在课程内容选择时,国家会相应地增加文章篇幅,加强学生的阅读量,培养学生独立阅读的能力。

在加拿大,课程内容会涉及法律和心理学。主要是通过课程内容的教授培养学生的法律意识,维护自己合法的权益;学习心理学知识,是为了更好地了解自己的心理,排解不良的情绪。另外,在职业教育方面,加拿大会在十一、十二年级给以后发展方向不同的学生提供不同的课程内容:升入理工科大学的学生应该在基

---

① 李娜.韩国普通高中新课程改革研究[D].重庆:西南大学,2011:24-25.

本学科的基础上学习制图的课程内容,升入文科大学的学生应该学习打字、西方文化的课程内容,准备从事办公职员工作的应该学习会计、食物营养、计算机程序等有关课程内容,准备从事秘书职业的要学习速记、商业通讯的课程内容。这样不仅能够帮助学生能有更明确的发展方向,还能使学生在以后的生活中更加适应。

韩国的前途教育也是一大亮点。它包括就业指导,也就是相关的职业教育的课程内容,还包括对以后生活的指导,相对来说,既满足了学生的需求,又形成了完整的前途教育的内容。在其经济教育中,课程内容主要包括政府与财政、国际贸易与国际收支、合理消费、市场形态和企业活动、雇佣和劳资关系等,这些内容与国家的经济密切联系在一起,说明国家对于经济以及国民的生活品质是非常重视的。

另外,日本强调传统文化,英国强调人际关系。

上述内容说明了各个国家的侧重点。

从对五个代表性国家的课程内容的分析中,可以发现共性学科——外语、数学、科学,是人类经验的精华。另外,信息技术、道德教育、法治教育、心理学、传统文化、职业教育、人际关系教育、经济教育等相关内容,可以结合实际情况予以选择。

(四)课程内容的初步选择

通过"主题"的课程内容选择方法,加上对国外的分析借鉴,可以初步选择出课程内容。

启发性主题,应该包括数学、物理、化学以及由此引申的关于经济的相关知识。

技能性主题,应该包括生活、劳动两个最基本的技能知识,以及依据时代发展所需要具备的关于安全保健、信息技术、职业教育等方面的知识。

情意性主题,基本的美术知识和音乐知识不可忽略。关于我国传统文化的知识,不应随着全球化的发展而被青少年忽视。关于道德教育和家庭教育的知识,也应该授予学生,使其培养社会道德感和家庭和睦意识。

沟通性主题,外语以及我国本土的中文知识是最需要学习的知识。另外,在沟通中,要掌握心理学、人际关系的知识,这些会对学生沟通能力的培养起到有益的作用。

活动性主题,包括学校所教授的关于体育的知识,以及一些课外活动和社会实践等。

(五)课程内容的筛选、调整与补充

这一环节主要是对初步选择后的课程内容的检查。一些课程内容或许会存在重叠、疏漏,或者需要一些局部的调整,所以在确定最终选择出的课程内容时,这个步骤千万不能被忽略。

在这个环节想重申一下课程内容的定义。很多人认为课程内容应该是由那些静态的知识组成的,这种看法是片面的,这只是课程内容的一部分而已。其实在建构主义影响下的今天,我国的课程观就应该是让孩子自己学会去建构,所以在课程内容中活动性主题下的知识是非常重要的,并且这些课外活动和社会实践不应该是独立存在的,而是融合到其他各个主题中,根据其他主题的知识来策划相应的课外活动和社会实践。虽然通过主题的划分已经将课程内容进行了相应的综合,但是这些主题之间不是独立存在的,应该相互不断融合,这样学生才能真正得到全面而且综合地发展。所以在这里将这些内容特别提出,是想强调这些对课程内容选择是重要的。

(六)课程内容的确定

1.课程内容的范围

课程内容应包括以下五个方面:

第一,启发性主题,涉及数学、科学(物理、化学)、经济教育。

第二,技能性主题,涉及生活、劳动、安全保健(法律、性教育)、信息技术、职业教育。

第三,情意性主题,涉及艺术(美术、音乐)、传统文化、道德教育、家庭教育。

第四,沟通性主题,涉及外语、中文、阅读、心理学、人际关系教育。

第五,活动性主题,涉及课外活动、社会实践活动、体育。

2.课程内容选择的基本环节

课程内容选择的基本环节如下:

第一,对课程内容存在的问题进行分析,这样才能对症下药。

第二,从问题出发,参考对比国际多个国家的课程内容,寻找借鉴点,找出选

择课程内容的方法。

第三,根据这一方法,进行课程内容的选择,这其中同时要参考国外的优秀经验。

第四,在选择的课程内容中进行调整、补充。

第五,确定最终完整的课程内容。

根据上述环节,最终可以选择出一个相对完整的、能够促进学生全面发展的课程内容。

六、语文课程国外内容选编实施策略

(一)语文课程国外内容的特色

1.语文课程国外内容选编观念多元化

美国教育家班克斯认为,多元文化教育既是一种思想,一种哲学观点,又是一种价值取向。[①]

从社会学角度出发,语文课程是社会控制的中介,体现着国家的意志。国家意志应该成为指导语文课程编写的纲领。

2015年11月,联合国教科文组织提出了"教育是全球共同利益"的全新概念,"共同利益"是"人类在本质上共享并且互相交流的各种善意,例如公民美德、正义感和价值观",它具有多元的解读,在尊重文化共性的同时应该探索共性之外的,具有特殊性、差异性的多元文化和知识体系,尤其是关于弱势群族的文化。这是对教育本质的深刻认识。以往人们善于从理性角度解释教育,而缺乏对教育作为人的生存和发展的权利的认识,因此从人的发展眼光来看,课程应该建立在跨文化的基础上,语文课程更应该如此。

2.语文课程国外内容来源地域多元化

在多元教育理念的指导下,语文课程中的异域内容在地域选择上应该更加多

[①] 尹玉玲,唐小平.论国家民族教育政策的理性选择——基于多元文化主义的视角[J].民族教育研究,2013(1):28-33.

元,更加广泛,不能仅仅集中在欧美等发达国家,更应该关注到那些虽然在政治经济方面不发达却拥有值得学习与借鉴的优秀文化的国家和地区。

我国有人提出,非洲是一座丰饶的文化艺术宝库。事实上,非洲艺术的元素和基因存在于现代世界前卫而时尚的文化艺术中。作为有着灿烂文明的中华民族,应该以文化的角度解读非洲,以非洲的文化折射中国文化。除了非洲的优秀文化作品,拉丁美洲、大洋洲等的文化作品也应该有所涉及,只有这样才能更好地让我国学生学习与了解更为丰富的异域文化知识。

3.语文课程国外内容选编类型应多元化

语文课程的改革应秉持多元文化教育理念,不能局限在国外的经典文学作品的学习,还要了解国外不同的丰富的文化,包括政治、经济、教育、风俗人情、人文地理等多方面的内容。

(二)语文课程国外内容选编策略的理论基础

1.大语文观

"大语文观"是二十世纪七八十年代由张孝纯提出的,可以总结为四个方面的内容:

第一,联系社会生活,就是要求语文课要与人类的社会生活相结合,而不仅仅以教材为中心。

第二,着眼于整体教育,就是要打破僵化、封闭的教学模式,坚持做到发展智育与培养良好的道德行为习惯结合在一起,最终做到德、智、体、美、劳和谐统一发展。

第三,坚持完善结构,就是将语文课程置于社会大环境之下,语文教学不能脱离学生的现实生活。

第四,重视训练效率,就是不能只注重数量而应该注重训练的质量,在短时间内习得更多的内容,减轻学生的课业负担,最终使学生以轻松的状态提高自己的学习能力。

简言之,大语文观就是将语文置于社会大环境下去审视,揭示出具有教育价值的功能,传授语文知识的同时要注重对语文能力的培养,把语文的工具性与人文性结合起来,教授语文知识的同时是在教学生做人,重视学生个性人格的发展与塑造。

大语文观强调的是语文与其他学科融会贯通的教育,将素质教育同"以人为本"的教育理念联系在一起。从大语文观来审视初中语文课程异域内容的选编，本土内容与异域内容并不矛盾，而是统一的，增加异域内容在语文选文中的比重符合大语文观教育的基本理念。

2.教育"共同利益"观

当今社会复杂，各类矛盾时时出现，人类社会需要不断地进行反思教育。教育"共同利益"观强调教育的人文主义观念，将教育知识定义为全球共同利益，而这种共同利益需要全人类共同努力获得。这种共同利益观是对传统意义上将教育视为公共产品理念的超越。

在经济全球化背景之下，语文教育必须整合社会各种知识体系，积极探寻具有共同价值观念的主流知识之外的，反映其他国家或民族特殊性、差异性的内容，并对其进行积极的批判，要剔除糟粕，吸取精华。

（三）语文课程国外内容策略选编的方法

1.国外内容来源地域多元化

过去课程编写者受到欧美主流观念的影响，导致其忽视了其他国家的优秀作品。孔庆东在《审视中学语文教育》中提出，在选取外国文学作品时，应系统地给学生呈现出一个相对全面的世界文学版图，选取不同地域和国家的作品。即使没有必要也不可能做到对每个国家都选择一篇作品放在语文课程中，但也应该尽可能关注到每个国家的优秀作品，这样才能更丰富异域内容体系。

国外内容的来源地域较之于传统课程更加广泛、更加多元。改变传统语文课程异域内容来源地域集中在欧美国家的现状，国外内容来源地域应涉及欧洲、美洲、亚洲、非洲、大洋洲等各大洲的优秀作品，不仅选取欧美等发达国家的作品，更要注意到非洲等发展中国家的优秀作品。在每个年级的每一册课程中，都安排来自不同地域的选文，按同等比例编排异域内容。

2.国外内容民族多元化

世界上各个国家、各个民族都有其优秀的文化发展历史，在经济全球化背景下，培养学生的多元思维，拓宽学生的国际视野，需要让学生学习和了解更为多元的异域内容。

多元异域内容策略在选择异域内容的过程中,将不再仅仅关注发达国家的主流文化,而将非主流国家尤其是一些发展中国家的优秀文化选入语文课程,改变传统单一的国外内容体系,把对学生有益的内容编排在每个年级的语文课程中,汲取人类丰富的文化营养,以此拓宽学生的文化视野,丰富学生的异域文化知识。

3.国外内容类型多元化

现行语文课程国外内容以单一的文学作品为主,缺乏反映异域国家或民族的特殊性、差异性的内容。

语文课程异域内容编制策略将改善这一现状,以实现教育目的为前提,密切联系学生的生活实际,选择学生最需要的内容,将反映其他国家或民族的社会、政治、经济、历史、科学、技术、地理、名胜、民族风情、文化、教育、艺术等多方面的内容编排在每个年级、每册的语文课程中,丰富语文课程国外内容知识体系,方便学生学习与了解国外内容知识,为学生以后步入世界打下坚实的基础。

(四)语文课程国外内容的编排方法

1.语文课程国外内容数量的渐增

语文课程要改变以往课程国外内容比重过小、安排不合理的弊端,将国外内容按照小学、初中、高中三个学段不同的学情安排在每册语文课程中,改变以往课程的安排模式,国外内容在数量分布上呈现逐级递增的形式,在整体布局上呈现"渐增"状态。

2.语文课程国外内容课时分配的渐增

语文课程国外内容课时分配的渐增,是指课时数随着学段的升高而增加。这样在三个学段的国外内容课时的总体分配上呈现"由少到多"的分配规律。合理地安排语文课程中的国外内容,使语文课程体现国际化特征,便于学生系统地、充分地了解异域文化知识,有利于实现培养学生的国际意识、国际视野和国际素养的教育目标。

3.初中语文课程异域内容难易程度的渐增

语文课程要打破传统语文课程国外内容体系的编排模式,将国外内容分为地理名胜、民族风情、科学技术、社会历史、政治经济、文化教育艺术等六大类,按照不同的分类安排在具体的课程中,改变传统课程的编排体系,这样有利于学生系统地理解与学习国外内容。

以维果茨基的"最近发展区"理论为指导,根据小学、初中和高中的不同学情,将国外内容依次编排。由经典文学作品和体现地理、名胜的选文,逐渐增加异域民族、风情等内容的选文,到了中学要有体现异域科学、技术、社会、历史、政治、经济、文化、教育、艺术等内容的选文。这种编排模式在尊重经典文学作品育人价值的同时,可以拓宽学生的视野,丰富学生的知识。国外内容体系是按照由浅入深、由易到难的规律依次编排的,这种编排模式符合循序渐进的原则,有利于学生更全面地理解与学习国外内容,从而实现全面发展。

综上所述,国外中小学课程内容选择策略方面研究深入,成果丰富,但显然不能全盘引进。当前我国中小学教育正在回归"统编"教材,这有益于提高全民素质、统一认识、共同发展,可以纠正前一阶段教育方面的不足之处。这是中小学课程内容选择策略上的新发展,笔者将另撰文研究。

第四章 小学语文教材中隐性课程实施策略

隐性课程的影响无处不在、无时不在,其内容极其丰富。它是语文课程的重要部分,也是语文课程珍贵的教育资源。有目的、有计划地设计教材中的隐性课程不仅能使教材的教育作用提升,也能给语文课程注入鲜活的生命力。然而由于隐性课程的接受机制是无意识的,所以隐性课程的设计、开发、实施就非常复杂。这要求我们用隐性课程的科学理念来体现其特征,用科学的策略来设计小学语文教材中的隐性课程。

一、树立先进的隐性课程理念

(一)隐性课程与显性课程相伴并行

隐性课程虽然与显性课程有着性质、特点和功能上的差异,但总是相伴而行的。教师和学生作为实施者在课程实施过程中会加入自己的主观经验和选择,这样必然导致计划和预期之外的教育影响,也就是显性课程在实施的同时就伴随着隐性课程的产生。

隐性课程虽然是非预期的,但也是可以被设计的。它在实施过程中也会产生新的显性课程。

显性课程和隐性课程的动态转化呈现螺旋式的态势。

(二)隐性课程存在于教育的所有范围

隐性课程不单只发生在指定的教育环境中,可以说哪里有教育,哪里就有它的影响。

学校是隐性课程主要的发生范围。校园的物质条件,班风校风,文化气氛,师生朋辈关系,等等,都存在隐性的教育影响。

社会是最大的背景墙。社会的价值观念和意识形态是其存在的重要领域。

除此之外,学生的生活情境中,教材的物质与精神世界中,学生的自我建构中,等等,教育的所有范围内都有隐性课程的存在和影响。

(三)隐性课程需要教师增强反省意识

从课程整体性的角度出发,隐性课程不仅有独立的存在形式,还会存在于显性课程的隐性效应中。

教师必须对此有清醒的意识和反省的能力。在自我的情绪管理、职业道德管理、专业能力管理方面都要自觉意识到它的存在。同时,开发课程积极的隐性教育意义,规避或者减少消极的隐性影响。教师要及时与同行、学生、家长、教育行政管理者、社区人员、各类专家充分交往与交流,更好地促进隐性课程的自觉开发。

(四)隐性课程实施要基于开放的教育情境

课程开发实施都是建立在认同学生自主性、能动性、创造性的基础之上的。在此之后,学生在学习过程中学术性或非学术性能力才能得到发展与提升。

隐性课程的实施不是为了控制学生,而是为了更加充分地理解与培养学生。当它的实施变成技术控制时,隐性课程的负面效应就会产生。在开放的教育情境中,贯彻实践理性与解放理性,让每一个学生都最大限度地发挥自己的主动性和创造性。

二、掌握小学语文教材隐性课程的特点

为了更好地利用与设计小学语文教材中的隐性课程,必须明确其特点,在教材丰富的课程资源中发掘隐性课程资源,以便更好地设计。

语文学科具有独特性,汉语也具有独特的表达形式,因此,小学语文教材隐性课程具有自己的特点。

（一）内隐性

内隐性是首要特征。主要由语文教材的特殊表达方式——课文的隐喻性特征决定的。

隐喻的描述方式不像数学定理、物理公式那样有着完整的逻辑关系和明确无疑的结论，而是隐而不宣的。语文教材中的隐性课程隐藏在选文的字里行间，隐藏在教材插图的内涵中，隐藏在教材的物质形式中。以内隐的形式蕴含于语文教材的各个因素中，将显性课程不能全面涉及的教育性经验以静默的、渗透的方式存放于其中。

（二）普遍性

语文教材的显性课程可以按照思想主旨或者题材来计划和安排，以整体性实现教育效果。隐性课程则分散在教材的每个角落，具有明显的普遍性。

如教材中的课文，课文中的人物形象、人物语言、人物角色等，文本中呈现的社会结构、人物的行为规范，等等，都是语文教材中隐性课程的载体。

（三）深刻持久性

显性课程的教育效果主要体现在学生认知概念、文字等学术性知识方面，而隐性课程主要将价值、态度、思维方式等非学术性经验传递给学生。

这些非学术性经验对于学生自我建构的意义是非常重要的，在学生的经验体系建构中也至关重要，而且一旦建立，将会对受教育者学习的终身性和持续发展性产生持久影响。

（四）两极性

语文教材中的隐性课程根据不同的处理方式和理解方法会有多元化的解读。

不管是语文知识的获取，还是情感、审美、价值观的熏陶，它的影响有正向积极的一面，也有负向消极的一面。

隐性课程在教育影响方面存在两极性的特征，要尽量发挥积极影响，减少消极影响。

三、发挥小学语文教材隐性课程的功能

显性课程是学生按照计划所接受的教育影响,而隐性课程虽然是隐秘的,没有被明确安排,但是随着课程理论的发展,也逐渐可以被设计,和显性课程一样在学习中发挥功能。

(一)完善知识体系

语文学习的外延等同于生活的外延。知识的内涵必须依赖各个学科载体,精神素质的完备也离不开知识系统的完备。知识网络的建构是学生健全精神系统的基石,只有"观天下",才能"识天下",才能"适应天下",才能"用天下",语文学习正是为了去学习、适应、改造生活。

语文教材中的知识涉及生活的方方面面,以语言的形式得以呈现,不可能全面包含所有内容。隐性课程正是弥补了显性课程没有涉及的知识。这些知识零散分布在教材的各个要素中,与其他学科形成完整的知识链条。语文教育通过隐性课程这个桥梁嫁接起与其他学科知识的联系,在横向上得以勾连、补充,发散课程的生态魅力。

(二)提升审美能力

如果说其他学科注重的是"说什么",那么语文学科最大的特点就在于"怎么说"。语文使学科知识变得生动,具有可视感,让知识通过语言变得具有审美价值。

语言本身的韵律、格式、修辞都散发着中国文化的审美特性;语言构筑的课文世界,充满着美丽的景色、善良的人性、浸润的美德、绚丽的艺术;字里行间渗透着崇高、睿智、美好的精神。这些对审美能力的培养有着不可忽视的作用。

语文教育需要潜移默化地培育学生的审美修养。语文教材中的隐性课程从直接接触、精神熏陶、视觉色彩等方面构成一种"效应场",刺激着学生的审美能力的提升。

（三）锻炼思维品质

语文不仅是感性的、人文的，也是理性的、思维的。语文的感性来自语言的表达方式，大多存在于抒情、描写中，词句优美，意境绵长。其他学科比较重视知识系统的科学性而很少关注表达的形象性。但是，语文教材不是只停留在"感性"的层面，真正的目的是用理性思想包裹着"温柔的糖衣"，让那些藏在"柔情"背后的"铁血真理"直抵人心，透过文字激发学生理性思考。

语文教材的隐性课程呈现出隐含在生活中的隐秘的、模糊的生活理性，以丰富的生活隐喻刺激着学生的认识与思考，在这样的挖掘、思考与锻炼中，提升学生的思维品质。在关注情感态度成长的同时，让学生对于认识事物的理性思考得到发展，思维更加健全。

（四）发展人文素养

文化的"在场"是语文课程的价值所在。正是裹挟着这样的文化在场，语文课程才能在学生自我实现的道路上照亮远方。具体来说，便是发展学生的人文素养。

教材中隐喻的文化意义开启"人"的培育，使学生具备人文知识，理解其内在逻辑，正确认识人文现象，用人文的方法去思考、解决问题，坚决执行这些理念、方法。

将语文学科的整体功能发挥到最大化，与其余课程形成一个生态的人文系统。

四、小学语文教材隐性课程实施策略

隐性课程是动态生成的，也是可以被发现和设计的。作为教育影响的重要组成部分——教材，是教师与学生之间的桥梁，也是经验和学习之间的桥梁，是教师有的放矢的关键。为了更好地发挥隐性课程的正向影响，可以从物理形态系统、文本系统、插图系统等方面进行设计和开发。

（一）完善物理形态的隐性课程

语文教材中的物理形态隐性课程主要是指教材的物质形式中间接地、内隐地、有意或无意地影响语文综合素质建构的因素的总和,以教材的印刷质量、纸张质量、字体字号等形式呈现。

1.物理形态隐性课程的特点

间接性是首要特质。物质形式是外在的,是呈现文字语言内容的工具,因此其教育意义是间接传递的,甚至是被忽视的。只有教师或学生真正去发现它、加工它,才能发挥价值。

双重无意性是指从编写者到接受群体的关注无意性。编写者往往因为政策、条件、主观意识的限制,在编写过程中忽略隐性课程的存在和作用。接受群体主要将注意力集中在教材内容和文字表述上,同样会忽略隐性课程的存在。从生产到输出,物理形态隐性课程被人认识的过程始终是无意的。

多指向性是指其教育目标的方向。物理形态隐性课程的教育目的不是固定的,是由接受者自主加工提取或经中介途径加工后发挥作用的。因此,受制于加工者的不同,其教育意义是多指向性的,认识结果因人而异。

2.物理形态隐性课程的完善

目前小学语文教材中的物理形态隐性课程存在着随意、不自觉等诸多问题,忽视、荒废的现象削弱了教材的“表层效果”。对任何事物的认识都是由表及里的,教材的物质形式有着重要的地位。

第一,改善纸张、印刷质量的隐性意义。

纸张是学生接触教材的首要部分。纸张品质的优劣看似不含有任何信息,但是优良的纸品所包含的隐性意义很多:保护视力的常识,精致美好的审美意识,保护环境的生态理念,知识得来不易,等等。

苏教版小学语文教材从2014年秋季开始采用绿色印刷的再生纸,有了值得肯定的改变,但是并未达到最佳状态。纸张建议使用原浆纸和胶版纸。原浆纸由于纯度高,相对卫生,呈现的光感度比较适合长时间阅读。胶版纸适于双色印刷及其他高质量指标的教材。铜版纸或道林纸也可以在某些区域的教科书纸质选择中纳入考量范围。珍贵的纸张将传输出“纸张珍贵—树木珍贵—环保重要”的思维逻辑,或者“纸张珍贵—美好的东西珍贵—珍惜美好的东西”的思维逻辑,或者“纸张珍贵—知识的传递需要纸张—知识珍贵”的隐性教育意义。甚至可能激发学生对纸张研究的热情。因此,纸张的质量应严格挑选,根据国家或地区经济发展水平而优选优用,是完善教材物理形态隐性课程的首要内容。

印刷质量所包含的隐性教育内容也比较丰富。印刷中如若出现错字、错版、错码、模糊不清等问题时,不仅影响学生的使用,也会传导出不良的信息,教师在教材错误示范的基础上教导学生细致认真地对待知识将会处于自相矛盾的尴尬境地。教材印刷应该墨色均匀,文字清楚,笔画齐全,无模糊,无坏字;图像层次分明,着色鲜明;页面齐整、干净,没有毛边、砂眼、墨斑等。印刷质量的精良将蕴含着隐性的教育意义;知识的一丝不苟、严谨细致,对于培养学生科学的治学态度也是很有帮助的。印刷质量除了要做到准确、美观,印刷的材料也必须做到环保健康,除了保护学生的身体健康之外,还可以加固学生的环保理念。

有报道显示,西方少数国家的教材是公用课本,其中包含着环保的先进理念,传导给学生的是保护公共财产的公德心,而这些都与优秀的外在物质形式分割不开。简单来说,只有制作精良的教材才能有这样的寿命和机会来实现这样的隐性教育。

第二,挖掘字体版式的隐性内容。

中国汉字自身携带的审美属性使得汉字本身成为极大的隐性课程资源。汉字就是鲜活的历史、厚重的文化。作为以汉字为主要载体的语文教材,应充分挖掘汉字的教育价值。

中国汉字错落有致,异彩纷呈,字体更是丰富生动,各有特色。行书亦收亦放,颇具美感;草书奔放自由、结构简省;隶书扁平、工整、精巧;篆书细挺笔直、整齐秀美;楷书庄重齐整、精致严谨。每一种字体的背后都掩藏着一段历史,许多故事,众多佳话,本身就是活着的历史,其隐含的教育影响不言而喻。

目前在苏教版小学语文教材中,各个学龄阶段都有字体学习的要求,主要针对正楷字的学习,高年级有行楷字的学习要求。但是依靠这样的编排,不能完全将汉字的隐性价值充分发挥。小学语文教材可以多元呈现汉字的魅力,根据不同年级学生的接受水平,在追求整齐美观的基础上,字体尽量多些变化。课文系统可以坚持使用正楷字体,保证课程标准学习要求的一贯统一。在课后习题、练习作文中将行书、隶书、楷书穿插其中,将奔放自由、审美价值高的草书以及整齐秀美的篆书作为书法欣赏穿插在练习的诵读与欣赏环节中,从而增加教材的可观度,打破以往教材单一偏重的倾向性。字体的丰富不仅可以隐性地充实学生关于汉字的知识体系,还可以在体验中国传统艺术的同时得到无尽的审美熏陶。

国外少数国家在母语教材的装帧和设计上充分倾泻了对学生的教育与关爱。如美国几大出版公司发行的母语教材,采用先进的印刷技术,彩色套印,装帧精美,文字插画艺术化,这就显示了教材的装帧艺术是可以开发的巨大资源。语文教科书的版面是对语文教学内容的文、图进行平面组合的结构化视觉表达,是一种独特的空间艺术语言符号。①这种符号将巨大的审美信息浓缩其中,使学生在使用的同时感受到知识的美感、装帧艺术的美感,隐性提高自身的审美能力。在设计时充分考虑适应学生的生理、心理特点,能潜移默化地提高学生的审美情趣和修养。

(二)正确发挥文本系统中的隐性课程

文本系统主要包含语文教材中的课文、练习、语文综合性学习和习作等形式,其中包含着丰富的隐性教育内容。语言文字艺术的特殊性在于它的"留白",这些空白主要是指课文中尚未明确写出的部分,它较多地存在于文章的各层结构中,最明显的是存在于情节结构中。②文本系统的隐性课程就是在这些空白中挖掘出规范、合理的教育意义。

1.完善爱国主义隐性内容

爱国主义教育在语文课程中的存在由来已久,是个人素质建构的重要内容,也是国家情感不能分割的部分。爱国主义集中表现为民族自尊心和民族自信心,为保卫祖国和争取祖国的独立富强而献身的奋斗精神。语文教材要正确发挥它的隐性价值。下面提出一些建议,以供思考。

第一,重视民主平等意识。

首先,在人物选择上尽量扩大普通人民尤其是基层的、老百姓中的道德模范、英雄人物的比例。普通人民的生活和价值观更加接近学生的现实,可增加学生对人民群众是历史主人的认同感和有力感。

其次,在文本内容的选择上关注民主平等的意识。课文内容的内在思维逻辑或者人物世界必须是倡导民主平等意识的。文本中的社会实则就是现实社会的一种缩影,所以学生在理解和接受文本的同时也就是在理解和接受文本所体现的

① 韩雪屏,王相文,王松泉.语文课程教学资源[M].北京:高等教育出版社,2007:36.

② 何更生.新课程语文怎么教[M].芜湖:安徽师范大学出版社,2012:84.

社会准则和态度价值观。

最后,在文本的语言表述上避免绝对化的宣扬与标榜,热爱祖国不需要依靠口号或是精神绑架,要留有思维和价值判断的自由空间。

第二,丰富少数民族文化形象。

纷繁的民族文化共同组成华夏文明,少数民族文化拥有独特魅力,民族自豪感能激发爱国热情。

首先,应该增加少数民族出现的比例,在12册教材中至少每册应该出现2~3处,且尽量不要重复。

其次,表现形式要灵活化,根据学生年龄层次和认知水平,文本形式可以针对不同少数民族的形象、文化设计内容,分散在词串、片段和综合性活动中。

最后,注意方式和内容,突出体现其与中华文明不可分割的骨肉之情,规避少数民族文化中不适于展现给未成年人的部分。

第三,同胞情感的理性情怀。

对于同胞情感应该在互相了解、互相尊重的基础上理性地给予关怀,在文本的事件架构中应该贯穿这样的意识,去除一味的牺牲精神,选择与时代更加贴合的方式,与现实更加相近的情感、更加理性的态度。

2.深化生态教育隐性意义

生态教育隐性意义应该通过文本的内在逻辑和文字的外在意义隐性传递,真正地认识自然,与自然进行有意义的对话。敬畏自然,学会与自然相处,与动物达到真正的平等,而不是停留在"不伤害就是保护"的刻板思维中。要最终从自然中学习真正的"人性"。下面提供一些建议,以供思考。

第一,真正理解生态教育意义。

生态教育与环保是包含与被包含的关系。环保主要强调的是保护环境与资源,但生态教育是教育学生真正认识自然,保护自然,选择与植物、动物等恰当的相处方式,树立平衡发展的生态意识,所以要将生态教育隐性意义进一步深化。

第二,对文本内容要加以选择。

在文本内容上,要保持对环境保护和节约资源这两大话题的关注;在表达上要更加关注人类视角的转变,走出人与自然二元对立的思维方式,培养学生精神上对自然的归属感。选择的文本应该尽量体现人与自然唇亡齿寒的关系,选择能从自然中体验艺术美、意境美的作品。

3.突出地方特色隐性内容

母语教材活的灵魂便在于其中呈现的如母亲般熟悉的世界。对于一个地方的孩子来说,在书本中看到自己家乡的踪迹便是按下了激发学习激情的按钮。语文教材中的地方隐性内容应充分传递给受教育者关于地方认知、地方情感、地方实践的经验意义,与地方的历史、地理、社会等学科形成一个完整的系统。

第一,丰富地方认知隐性内容,包括对地方地理、环境、生态、经济、文化、风俗人情等有综合的认知印象。

文本的选择应拓宽本地的分布面,不应过于集中在一线大城市,二三线城市及县市乡村应占有一席之地。

在反复接触前提下,隐性感知地方丰富多彩的自然风光、文化遗产、风俗人情,多方位展示地方特色,建构完整的地方形象,增加地方出现的频次,呈现地方上的发展,使学生潜移默化地认知与熟悉,为地方归属感的生发打下基础。

第二,增强地方归属感的隐性培养,激发乡土情感和自豪感。

首先,以课文为中心,通过渲染浓厚的地方情节,以图像素材重复呈现,刺激归属感的发生,以地方特色联结各要素把握住归属感的培养。

其次,多选择本土作家的作品,从"身边"的作家作品中传承地方归属感。

最后,系统性呈现地方特色,包括文化、方言、习俗、历史等。

第三,隐性激发针对地方的创造性实践。

语文隐性课程的一大目标就是在日常的教学中潜移默化地触发学生学习与创造的激情。以练习和作文为主场,练习中多设计实践性的训练,可以主要针对本地的社会问题、民俗特色、生态问题等进行调研观察或创新性的方案设计等,作文中增加对本土的社会现状、人文风貌或地理生态等问题创新性的发声,提供相关的材料,增加学生对本土问题和未来的思考,在潜移默化中将语文和生活紧密联系,将学习与解决地方问题相结合。在这种结合中拓宽隐性课程的内容,增加学生的创造性。

4.均衡活化城乡认知隐性内容

农村与城市的物质条件在逐步靠近,但是乡土文明与城市文明还存在着巨大的差异。语文教育应关注学生在这一问题上是否有正确全面的理解和科学进步的思维方式。对城乡的认知不偏颇,互相理解包容,而不是简单的二元对立。

第一,应端正隐性存在的对于城乡认知的态度。不刻意褒扬或贬抑,真实呈现各自的生活方式、风物人情。在文化互融的基础上,让双方的价值观和思维方式碰撞沟通,以科学的态度使两者相互通融,实现双赢。

第二,描写两者的文本数量要尽可能均衡,不能厚此薄彼。

第三,城乡形象的描写要避免刻板化,跳出传统思维,与现实情况接轨。

第四,形象塑造要基于多方位角度。现代化的物质文明、特色传统的精神文化和异彩纷呈的民俗民情等多维内容,构成现实可感的城乡形象。

第五,城乡文明交流的模范文本要增加。在语文实践性活动的设计中增加城乡学生的交流性和碰撞性,灵活隐性地建构相关经验。

5.增加道德教育隐性内容的时代感

随着社会的发展,科技文化的高速更新,人、社会、自然的三维交流越来越频繁,越来越紧密。现代人是很难依靠"独善其身"而在这个社会中成长的。公共生活的领域正逐渐被打开。因此,在小学语文教材中应及时重视与增加相关内容,以隐性课程的方式渗透进教材的各处。

第一,尽量多选择"交互性"强的课文。

摆脱思想灌输的方式,采用"交互性"强的文本,在学生与文本对话空间中提供思考领悟的维度,在"交互"中填补"空白"。

第二,跳出常规的伦理教育,隐性地传导公共的规则、制度。

公民道德不仅仅是伦理层面上的,也受到规则制度的约束。必须使学生知道社会运行的一些准则,了解准则建立的原理且自觉遵守。法律法规要融汇在课文中交给他们,一些约定俗成的规则更加需要潜移默化的影响。

第三,在练习与习作中渗透公民义务与权力。

在练习中贯穿公民思想,可以设置一些场景对话,将社会礼仪、社会公德与口语交际融合在一起。也可以设置一系列的与社会衔接紧密的实践活动,比如让学生走上街头观察社会不文明现象,学会用礼貌和智慧的语言劝解他人等。在习作中设置一些民生问题、社会问题,在教室里激荡思维,在社会中观察现实,从而形成合格的公民态度,而这一切都可能是默默发生的。

6.重视价值隐性内容的个体性

语文教育在个人价值的探索和建构中意义非凡,儿童发展正从权威型走向自律型,必须建构起个体价值判断的标准。这个阶段也正是获得勤奋感、培养社会能力的关键期。学生有丰沛的热情去实施自身能力的建构。因而,此时的语文教育不能停留于要求服从的桎梏中,而应该慢慢去催醒学生的主体价值。在隐性课程的设计中要注意以下几点:

第一,职业形象去精英化,彰显普通人的价值,隐性地激发学生对个人价值的认可。

第二,人物典型价值的多元化,不能一味强调集体价值,应增加创造、实现理想、寻找真我等积极的个人价值,默默激发学生自我价值的开发。

第三,生命价值传统化与现代化的和解,在文本选择中适当体现个体生命消逝的自然性和哲理性,隐性地激发学生对生死价值的参悟。

第四,在实践活动和作文训练中多设置能够触发学生发现自身价值的议题。

7.体现性别认知隐性内容的平等化

性别认知主要是指对自身性别建立了解、认可的健康意识,以及全面、平等、自由的性别认识,包括对自身优劣势、价值感、职业观等的认识。性别意识、性别价值的建构对学生的终身发展有深远的影响。性别认知隐性内容需要依靠平等化的体现来克服不良倾向。

第一,作家群体的性别比例平等。

教材选编应该注意作家群中男女比例的安排,尽量做到均等。男性作家也有温婉细腻、充满人性关怀的作品,女性作家理性严谨、视角新颖的也非少数,要充分融合两性的优势,帮助学生建立健康的性别观念。

第二,课文平等塑造职业形象。

职业形象是社会两性观念的表征。职业形象的选择尽可能做到各有特色,各有突破。平等的职业形象对性别认同和自我规划有着隐性的正面影响。

第三,人物塑造的平等。

人物塑造主要是通过文本的内在逻辑和语言表达来实现的。所选文本的逻辑不能只基于某一性别的视角,杜绝人物性别与人物语言、思维、价值固定化。在语言表达上注意对两性人物的描写,跳出刻板思维,以时代性和发展性的视角来描写刻画当代人物的风采。

（三）反映文本系统中隐性课程的时代性意义

小学语文教材中的隐性课程应该是一个科学的、完整的、动态的系统，根据课程研究的趋向和时代特色的转变，及时地更新隐性课程的内容，到更广阔的语文世界中去摘撷、弥补。

1.正视互联网因素的隐性价值

教材跟随时代精神转变的内容就是教材活的生命力。目前人类正处于第三次科技革命的影响中，网络文化正慢慢占据学生、教师以及全社会成员的生活，网络带来生活方式的转变，也创造了全新的文化形态和价值观念。其前沿性、交互性、开放性、自主性、创造性、全民性将巨大便利带给人们的同时也带来了许多隐患和弊端。如"网络霸凌""人肉搜索""网瘾"等问题，零碎的片段阅读带来的"伪知识""断章取义"等问题。但是目前的教材中尚未有相关的课文或者资料是涉及这方面的。对于近在身边的影响每个学生的网络文化很少提及，只赞叹互联网的利处，却回避真实存在的问题，这对于网络情境下的教学相当不利。学生在这方面得不到隐性的积极正面的影响。当然，如果只是纯粹说教，是不能迎合时代发展需要的，不如正视它、面对它、利用它。

教材中可以引进网络文化中优秀的部分作为隐性课程的教育资源。如网络搜集能力的锻炼与培养、网络文化中涌现的优秀作品。方式可以是多种多样的，如引进网络中某些励志名人的博客内容作为课文，在练习部分加入探究题，请学生使用网络工具来搜集相关资料并分享过程。对如何克服网络文化中呈现的弊端，以课文的方式做出正确的示范，如将正确使用网络的知识以应用文呈现，或者利用综合性学习、社会实践、作文等形式提供思考批判空间让学生们自主探究。让互联网因素隐性渗透在认知、审美、思维、实践等各方面。

2.促进创新能力的隐性提升

创新推动社会发展、科技进步。长久以来，模式化、标准化的语文教育妨碍了学生观察力、想象力的发展。因此，谈创新，必须在教材中体现创新的隐性意义。要让教材本身彰显创新精神、彰显独立个性，让每个学生都能认识到自己的独特性,充分发挥其主体价值。

在设计隐性课程内容时建议使用"加减法"。要减少权威人物的出现,增加个性鲜明且富有创造力的普通人。课文的叙述要跳离纯粹的陈述和赞扬,在叙述中多加入客观的描述以及理性的思考。加入一些跳脱常规的,但是将生命创造出色彩和意义的人物,这部分可以采用影像资料、多媒体资料等辅助实施。以语文综合学习为载体,链接社会人物,在真正的接触和交流中去感知创新。如80后勇敢青年,开帆船环游世界,真正深入世界各个角落,其勇敢的实践使他们活出了精彩的人生价值。另外,要结合物理形态隐性课程,在教材的装帧和设计上增加创意。可以挖掘民间的青年才俊或实验艺术家等,尤其是青年的或者有教育学背景的艺术家、画家等,共同探讨教材形式设计,在装帧、插图、装饰配件以及版面设计中加入创新元素,让教材本身成为一种创新的果实。因此,不空谈创新,以创新影响创新,才是最好的选择,才能真正通过隐性课程提升创新能力。

3.发掘中国传统文化的隐性价值

中国传统文化是国人立身之本。语文课程彰显母语教材独特个性以及深厚底蕴,必定要挖掘中国传统文化,语文教材中的隐性课程也不例外,挖掘传统正是现代精神的体现。由于汉字本身就具有隐喻性,它无穷无尽的变化蕴含着的是更加巨大的隐性资源。如对联,它是最具中国特色的,最不具有泊来性的,难以翻译,难以改写,其他语言难以模仿。但是现在很多孩子已经渐渐对这种汉字艺术陌生了,不会写更不懂欣赏了。还有汉字拆字歌、谜语等民间艺术。更有一些"雅"的汉字艺术,如书法、篆刻等。许多的人生道理和审美意趣都在这些文字形式中包含着,学生如果能沉浸其中,领略几分,必将受益无穷。

因此,在隐性课程内容的设计中建议扩大传统文化的比例,将国学经典与现代精神接轨的部分载入其中。文本题材应该引入我国传统文化中文学的丰富形式,如诗歌、词曲、戏剧、寓言等,改编或创作一些适合学生身心特点的作品。尤其是诗词,其教育的重点在于发展儿童的感性,对自然、人与人的交往的感受,以及通过诗词创作发展想象能力、形象化能力等。[①]在传统文化的文学形式中,隐性地传达诗歌的审美趣味、戏剧的冲突张力、汉字的深厚底蕴等,对学生人文素养的发展大有裨益。

---

① 方明生.日本生活作文教育研究[M].上海:上海教育出版社,2002:257.

4.激发儿童经验的隐性意义

语文教材的质量归宿主要在其适用性,每个学段的教材应适应每个年龄阶层学生的身心发展特点。小学语文教材主要的使用对象是7岁到12岁的儿童,该年龄阶段的儿童处于感性思维比较活跃的时期,是充满想象力和行动力的,形象思维占优势,艰深的理论知识不太适合这个年龄的学生。因此,必须站在儿童的角度去观察、刻画、描述,才能更好地体现隐性课程的影响。

从课文形式来看,应该增加儿童文学样式。现当代涌现了一大批儿童文学大师,如叶圣陶、曹文轩、沈石溪、杨红樱,他们的作品在学生的课外阅读中深受喜爱,应该多引进教材。既然是儿童的书,就必须让儿童看到自己在教材中的倒影。走出成人世界的阴影,弯下腰去,以儿童的视角观察世界的情怀,以儿童的语言来表述,这样在加深亲切感的同时使得文章所隐含的价值观、态度、情感更容易被儿童接受。除此之外,儿童对色彩的敏感度较高,要尽量使教材五彩缤纷,这些丰富的色彩将对孩子审美、想象等有莫大的触动。

语文最关注的一项技能培养就是学生的表达能力,溯源至教材就是作文。儿童的表达欲望是不容被压抑的。应该丰富作文命题形式,除记叙文外可加入童话续写、想象作文、调查作文、观察日记等形式,充分让学生去发挥想象力与创造力。刺激儿童自身的学习经验,让审美意趣、细致观察力、生动表现力与丰富想象力都在训练中得到隐性锻炼。如调查作文就是体验生活,将文学的触角伸到现实生活中去,观察生活中细小常见的东西。这不仅使作文扎根于现实,而且自然、社会的问题、本质及内在联系也在实践中被推入学生的思考范围。

国际社会在教育理念和教育政策的确立上都坚持着"儿童至上""儿童中心""所有为了儿童"等原则和概念,这足以表明儿童经验在隐性课程中极其重要了。隐性课程的设计更应该借力打力,激发儿童经验本身的隐性意义,让隐性课程的影响自然地传递给学生。

(四)丰富插图系统中隐性课程的寓意

语文教材是一个动态的系统。静态的文字、静态的画面,与教师的讲解、学生的想象一结合,会成为立体的声音,会成为动画。因此,教材中的插图是非常重要的隐性资源,将其充分利用起来,可以全面调动学生的感官,投入学习中而产生良好的教育成果。

1.丰富插图种类和风格的隐性意义

插图形式有很多,包括国画、油画、水彩画、版画、宣传画、漫画、素描、简笔画、摄影以及计算机合成的图画……包括人物像、实物像、动物像、景物像、故事情节画、示意图、构造图、连环画……作者画像、汉画像砖、版画、石窟壁画、题画诗、印鉴等。[1]这些插图种类本身就是一种隐性资源。

小学低年级语文教材可以加入漫画、连环画、素描、简笔画,搭配一些摄影图片。如漫画就和语文手法中的夸张这一修辞手法异质互通,在现实基础上将事物或者人物的主要特点夸张呈现,将对事物或者人物的褒贬蕴含其中,赏画的过程其实就已经是在潜移默化中学会了概括和归纳,可以领悟其中的思想情感。

小学高年级语文教材可以增加具有审美感、历史感的插图类型,如国画、油画、版画、印鉴、书法作品等。在审美难度相对高一些的插画中,镌刻着古代文明、民族传统、地域特色等内涵,赏画即隐性地扩展了知识面和纵深度,可以增加文化底蕴,也可以激发起民族情感和爱国热情。

2.体现插图搭配性和衍生性的隐性价值

选择图画的用意在于创造最有利的条件,为学生言语的自然发展过程指出一定的方向。插图应基于此种目的,以图促文,用插图的形象性、直接性、具体性、清晰性来弥补语言的抽象性、间接性、概括性、模糊性。尤其在一些需要高级审美能力的诗歌、散文中,意境美有时要靠语言去表达,学生未必能真正深入理解,在实际的解读中会出现虽欢喜却不解的尴尬局面。因此,图文可以相互映衬,在忠实呈现原文的基础上,插图尽可能诠释出更加深远的意境或审美趣味。

首先,插图与题材有搭配性。如诗歌作品,富于历史韵味和幽美意境,如果搭配漫画、电脑合成图等,显然会让文本损失表现力,但是,搭配水墨画或者书画作品,可以彰显文本的韵味。

其次,插图与人物形象具备搭配性。好的画作能凸显人物的精神面貌、品格气质。苏教版小学语文教材六年级上册《负荆请罪》一文的插图就是一个反例。蔺相如和廉颇,一个是文官,一个是武将,但是在人物神情和外貌上并没有太大的

---

[1] 韩雪屏,王相文,王松泉.语文课程教学资源[M].北京:高等教育出版社,2007:130.

差别,尤其是廉颇的造型,啤酒肚凸起,全身给人一种臃肿、涣散的印象,与廉颇武将的身份明显不符,体现不出武将长期训练后的健壮和威武。

最后,在插图上尽可能增加衍生内容。不同时代的衣着服饰、人物造型,就是民俗文化传递的非常珍贵的隐性资源,也是插图的重要衍生物。插图中某个历史场景的再现也将这段历史隐秘拉到学生的眼前。通过画面的渲染与衬托,优美与崇高,精神与意志,可以隐性地传达给学生。这些都是插图的衍生性所体现的隐性价值。

3.增添插图阅读感和承载力的隐性资源

插图受到文本的约束,但也有着可以逾越的创造性。作为隐性课程资源存在的插图,除了配合文本出现之外,在语文教材的封面、扉页、目录、练习和作文中都可以存在。现行教材中的插图大多比较重视意指性,容易忽略自身的阅读性和承载性。插图在配合文本的同时可以增加自身所携带信息的丰富度。

教材封面的图画,可以以某一主题来贯穿整个系列,如汉族与少数民族的不同的生活场景,其中服饰、发饰、生活用具等就隐性传递着民俗文化;或者是中国古代至现当代的名画系列作为封面,可以看到艺术历史、人文风貌的变迁;或者以地区丰富的人文景观为封面,可以看到地方深厚的历史和雅致别样的风景。

插图中保存着丰富的隐性教育资源。语言艺术讲求"言有尽而意无穷",插画亦如此,"画有限而意无穷"。

(五)设计隐性课程的"动态包"

"动态包"是将语文教材隐性课程设计中无法系统容纳的部分或者将资源富余的部分附在每册教材之后,以便教师、学生在使用教材时可以随时抽调。

"动态包"以活页的方式呈现,活页形式保证了地方、校方、教师、学生的自主创生。主要根据每册每单元的文章内容、相关的知识拓展,结合校本课程设计资源。形式有文字资料、影像资料、多媒体资源等。

在教师与学生的互动版块中还可设计添加微型课程内容。课程开发的最好场所即学习者与教师的相处之所[1],一方面可以引发学生的学习兴趣,另一方面可以协助他们发现、发展自己的特殊技能。

① 钟启泉,李雁冰.课程设计基础[M].山东:山东教育出版社,2000:102.

随着三级课程管理模式的深入，众多地区开始设置校本课程，主要是为了让教材更加适合于不同地区的特殊情境，这使隐性课程有了更多的载体。但是校本课程的很多部分在实践中会因为学生的无意识忽略和教师的有意挑选而所剩无几。在小学语文教材中开设"动态包"，正是以一种生态的、循环更新的模式丰富了隐性课程的内容。这早有先例。美国中小学母语教材中有一个特殊的组成部分，叫"阅读教材包"，包括教师的教学用书系列、满足个人需要系列、教学技术与策略系列、学生独立完成的练习、革新技术、综合评价、基于科学研究的项目指导等。这样的教材包让整个教学程序变得科学严谨，层次井然，但是目前并不适合在我国推行，不过这种阅读包的理念是值得推广的。这里提到的"动态包"，形式本身就具有自由、合作、个性意识、多媒体素养等多种隐性含义，能在弥补教材容量不足的前提下，进一步开拓学生的阅读视野，丰富学生的精神体验。

第五章　小学语文作文仿写教学策略

小学语文作文仿写教学体系包括仿写教学模式、仿写教学程序、仿写教学类型、仿写方式、仿写训练方式五个部分,要掌握小学语文仿写教学各部分的实施策略。

一、小学语文作文仿写教学体系

(一)小学语文作文仿写教学体系的含义

小学语文作文仿写教学体系包括五个方面的内容。

第一,仿写教学模式,具体包括仿说仿写同步教学、情境引导仿写教学、生活化仿写教学、读仿写转换式教学、以读促写仿写教学。

第二,仿写教学程序,具体包括基本程序(范文阅读/情境体验—领会/感悟—仿说训练—仿写训练)、难易程序(点仿—句仿—段仿—篇仿—意仿—神仿)、水平程序(范文仿写—场景仿写—生活仿写—人物仿写—发展仿写)。

第三,仿写教学类型,具体包括仿说材料、仿说句式、仿说内容、范文仿写、环境仿写、发展仿写、生活仿写、场景仿写、现实仿写、结构仿写、语言仿写、随文仿写、文段仿写。

第四,仿写方式,具体包括点仿、句仿、段仿、篇仿、景仿、评仿、直仿、实仿、语仿、技仿、格仿、意仿、神仿。

第五,仿写训练方式,具体包括仿说训练、景仿训练、篇仿训练、发展仿写训练、生活仿写训练、场景仿写训练、情感仿写训练、句式仿写训练、人物仿写训练、段仿训练、语仿训练、技仿训练、格仿训练。

小学语文作文仿写教学体系的五个部分具有紧密关系。运用每一种仿写教学模式的过程中，都要关注到仿写教学程序、仿写类型、仿写方式。仿写训练贯穿于每一个部分之中，教学模式、程序、类型、方式都在为仿写训练服务。每一个部分都有其自身的作用。五个部分相互作用，构建出完整的仿写教学体系。

（二）小学语文作文仿写教学体系特点

1.仿写系统性

小学语文作文仿写教学，多数只从单一的仿写训练方法方面来进行。小学语文作文仿写教学不应是一种碎片化的教学，多数教师忽视仿写教学的系统性：仅仅是读一篇范文，请学生模仿写一些；在课文内容的教学当中，找到优秀的句段，进行仿写训练。仿写教学应成为一个具有系统性的活动，仿写教学体系从仿写教学模式、仿写教学程序、仿写类型、仿写方式以及仿写训练方式等方面对仿写教学进行分析，细化仿写教学中的各个要素，使仿写教学构建出一个系统，有助于对仿写进行体系化研究。

2.视角多元性

小学语文作文仿写教学多数是从单一的仿写训练方法来阐释小学语文作文仿写教学。作文仿写教学体系强调，不应当只对课程中的课文仿写，还可以对教辅材料的范文仿写，也可以从更多的视角进行仿写，如情境仿写、场景仿写、生活仿写、人物仿写、社会仿写、发展仿写等。且仿写方法、仿写类型上要开阔视野，不局限于对句、段、篇的仿写，还可以对情境、意境进行仿写。

3.教学生成性

仿写教学体系的构建，符合教学的生成性理念，学生在学习过程中不断在自己的脑海中建构出意义。建构主义认为"情境""协作""会话""意义建构"是学习环境中的四大要素[①]，而仿写教学体系旨在建构多样化仿写教学，且符合建构主义理念课堂的生成性、意义的引导、情境的创设。五个部分本身处于自我生成中，多维度相辅相成，并非单一的无交集的概念。

---

① 高有华.国际课程专家的课程视野[M].芜湖：安徽师范大学出版社,2012:102-103.

二、小学语文作文仿写教学体系的理论基础

（一）大语文观

大语文观强调充分利用现代的条件，通过多种渠道和方式，使语文课同社会生活联系起来，改变封闭式的语文教学；重视语文教学的整体性，知识、智力、能力是统一体不容割裂，形成完整的语文教学结构。要求把语文教学放置于社会教育系统，在教学过程中重视训练效率，即不能只依靠训练的数量去换取成绩。精讲巧练，提高学生听、说、读、写的能力。总之，大语文观旨在利用一切可以利用的资源来服务语文教学，培养学生的语文能力。

小学语文作文仿写教学体系符合大语文观中着眼于整体教育，重视知识、智力、能力的一体培养；传统仿写教学单一化，重视仿写知识的传授，忽视智力、能力的发展，为了练习题而进行仿写教学。实施小学语文作文仿写教学，仿写教学不再是单一的作文仿写教学，仿写教学贯穿于整个语文教学。小学语文作文仿写教学体系符合精讲巧练理念，在仿写教学过程中，不是单一的仿写训练，而是先"精讲"，再"巧练"。"精讲"是指仿写程序中对于仿写材料的精讲，精讲帮助学生充分了解仿写素材；"巧练"是指在仿写训练过程中所运用的训练机智，需要教师合理安排仿写训练的时间、方式，有针对性地进行仿写训练。实施小学语文作文仿写教学，符合大语文观中"生活化"思想，仿写教学与生活相联系，教学中运用生活化素材引导学生，充分体现出小学语文作文仿写教学体系中的大语文观理念。

（二）奥苏伯尔同化理论

奥苏伯尔同化理论强调教师帮助学生进行意义学习，引导学生在新学知识与既有知识之间建立一种联系，从本质上找出新旧知识之间的异同，列入已有的旧知识之中，在思维中形成新的概念。[①]

小学语文作文仿写教学体系将仿写教学模式、仿写教学程序、仿写类型、仿写方式、仿写训练方式五个仿写教学中的大模块整合。在小学语文作文仿写教学

---

① 王惠来.奥苏伯尔的有意义学习理论对教学的指导意义[J].天津师范大学学报（社会科学版），2011（2）：67-70.

中,阅读与写作是紧密联系的,仿写成为阅读与写作之间的桥梁。小学语文作文仿写教学重视对仿写素材的"精讲",帮助学生形成自身仿写意义,在"巧练"中学生将理解的意义同化为自己的仿写思维,最终学会仿写,将仿写所学习的知识运用于写作中,以此达到促进写作的作用,符合意义学习理念。

(三)系统论

系统论是研究系统的结构、特点、行为、动态、原则、规律以及系统之间的联系,它将研究和处理的对象视为一个整体。[①]系统论从整体出发来研究系统整体和组成系统整体各要素的相互关系,从本质上说明其结构、功能、行为、动态,以此把握全局,达到尽可能优化的状态。

小学语文作文仿写教学体系的构建,从仿写教学模式、仿写教学程序、仿写类型、仿写方式、仿写训练方式多角度分析作文仿写教学系统,不但关注仿写教学的整体,而且关注每个要素,以及要素之间的关联,以此达到整体与局部契合的效果,且小学语文作文仿写教学理论强调仿写教学的循序渐进,构建具有梯度的仿写教学。促进小学语文作文仿写教学走向系统化,符合系统论理念。

三、实施小学语文作文仿写教学的具体策略

(一)仿写教学模式实施策略

仿写教学模式维度包括仿说仿写同步教学、情境引导仿写教学、生活化仿写教学、读仿写转换式教学、以读促写仿写教学。

仿说仿写同步教学是指在仿写教学中,仿说与仿写同步进行相互交替穿插使用。

情境引导仿写教学是指在仿写教学过程中贯彻情境作文教学理念,通过情境创设来帮助学生学习仿写。如在教学前针对仿写素材内容创设情境,帮助学生理解素材意义。

生活化仿写教学与生活作文教学理念贯通,强调仿写与生活的联系,仿写素材/范本的选取充分联系学生生活,仿写方法的指导充分与实际相联系。

---

① 萧浩辉.决策科学辞典[M].北京:人民出版社,1995:250.

读仿写转换式教学是指在仿写教学中综合利用读、写的训练方式,通过读来促进学生仿写,交互式运用。

以读促写仿写教学指在仿写教学中对素材的理解依靠读,促进学生理解,从而促进学生的仿写能力。

综合这些仿写教学模式维度的特征,可以提出以下三个具体策略。

1.生活化素材+情境引导仿写策略

在仿写教学中,如果仅仅是单一的练习,那么收效甚微。与写作教学一样,作文仿写教学模式应当符合学生的天性,让学生在仿中寻找生活,能够与生活相联系。所以,在调查中,多数一线语文教师会采用生活化情境引导的方式,在仿写教学中也同样如此。

那么如何进行生活化情境引导?

第一,仿写素材生活化。

对于课本与课外的仿写素材,多种多样。在小学阶段写作教学的任务主要不是为了让学生写出复杂优美的句子,而是培养学生乐于表达、善于表达的习惯。仿写教学的表达内容同样来源于生活,仿写素材生活化,易于学生理解,且能够有所表达,与学生实际生活联系密切,与学生现有经验联系密切。

第二,仿写教学中创设情境。

情境教学来源于语文阅读教学,也适用于写作教学,仿写教学亦适用。创设情境帮助小学生对仿写素材进行理解,让学生在情境中乐于表达自己的对仿写素材的思考,给予学生意的体验,帮助学生从中感受语言之美,将美的语言迁移到自己的头脑中。

2.读说写结合式仿写教学策略

读在小学语文阅读教学中占有重要地位,写在作文教学中占有重要地位,而仿写处于阅读教学与写作教学之间。在仿写教学中,既要对仿写素材进行阅读教学,又要在阅读理解后指导学生仿写出作品,所以读与写在仿写教学中不可或缺。

说是学生不断输出的过程。在仿写教学中,说仿写点,说仿写素材大意,说如何进行仿写,都有助于学生仿写能力的习得。学生在读的过程中,初步感知仿写素材,在读中理解素材大意;在说的过程中,大脑输出仿写素材内容、结构、修辞、技法、仿写方法等相关知识,帮助学生形成仿写思维,且说是有对象的说,师生、生生沟通交流,可培养学生的发散思维。

写是仿写过程中的练习阶段。学生将内心所想写下来,不仅促进学生对仿写知识的理解与巩固,还帮助学生形成自己的仿写思维模式。

读、说、写三个训练不是单一执行的,它们相互交叉,综合使用可以帮助学生形成与巩固较好的仿写技能。

3.合作交流式仿写教学策略

新课程强调自主合作探究的学习方式,在仿写教学中亦是需要合作与交流。在调查中发现,多数教师使用反复练习的方式来培养仿写技能,以"给出素材—仿写练习"的模式进行仿写教学,缺乏师生的交流,也缺乏生生的合作探究。合作交流可以拓展学生的思维,使学生可以吸收他人思维,教师可以从中加以引导。无论是在仿写内容上,还是在仿写方法上,教学中关注到合作交流,可以从多方面促进学生提升仿写能力。仿写灵感与写作灵感密切联系,仿写素材与方法的多元化会促进写作内容与方法的多样化。

(二)仿写教学程序实施策略

1.仿写教学程序类型的划分

仿写教学程序维度包括三个大类程序,即基本程序、难易程序、水平程序。

基本程序阐释在仿写教学实施过程中的基本流程。

难易程序阐释出仿写方式的由易到难的选择,从简单仿写方式到复杂的仿写方式。

水平程序阐释出在仿写教学类型的使用上从简单仿写类型入手,由浅入深,由低级类型的模仿转向高级类型的模仿。

2.基于仿写教学程序维度的具体策略

仿写教学基本程序如下:在教学中,先进行范文阅读或情境体验让学生整体感知仿写素材,再帮助学生领会或感悟仿写素材中的内容与写作法则,然后请学生说一说如何进行仿写,说出仿写要素,最后进行仿写练习。基本程序适用于每一类、每一种方式的仿写教学,是每一次仿写教学所必经的程序。

在难易程序中,教师在运用仿写方式的过程中,遵循从易到难的顺序:点仿—句仿—段仿—篇仿—意仿—神仿。点仿是仿写的最低阶段,是对仿写素材的某一句式或者某一结构或者某一修辞进行模仿写作。仿写方式要循序渐进,教师先利用低级方式,再到高级方式,达到"貌不同而神似"的高级阶段。

水平程序从仿写类型入手:范文仿写—场景仿写—生活仿写—人物仿写—发展仿写。不同水平的学生选择不同的仿写类型,由浅入深,教师在教学过程中可依据该程序以及学生现有仿写水平选择仿写类型。

(三)仿写类型实施策略

仿写类型维度阐明教师在仿写教学中可供选择的类型,在仿写类型的运用上,从学生仿写水平、教学进度以及仿写素材实际情况入手。综合运用各种类型仿写,促进仿写教学的多样性发展。仿写类型维度阐明的仿写类型包括仿说材料、仿说句式、仿说内容、范文仿写、环境仿写、发展仿写、生活仿写、场景仿写、现实仿写、结构仿写、语言仿写、情感仿写、随文仿写和文段仿写。

仿说材料是指教师在教学中以请学生说的方式进行仿写素材的模仿。

仿说句式是指对一个例句进行模仿,以口头的方式模仿。

仿说内容是指在仿写素材的把握上,教师引导学生对素材内容方面进行模仿,以说的方式进行。

范文仿写是指教师给定一篇范文,对范文的构思、谋篇、语言等多方面进行模仿写上。

环境仿写是指教师给出描写环境的句/段/篇,请学生模仿环境描写的手法。

发展仿写是指在已有素材的基础上,向外拓展延伸,不局限于仿写素材的内容,来源于素材,但高于素材。

生活仿写是指对生活进行仿写练习。

场景仿写是指对场面描写的手法语言进行模仿。

现实仿写是指对仿写素材写实的语言进行模仿写作。

结构仿写是指对仿写素材的结构进行模仿。

语言仿写是指对仿写素材独特的语言进行模仿。

情感仿写是指对仿写素材表达的独特情感进行模仿,以及对表达情感的手法进行模仿。

随文仿写是指在阅读教学过程中,遇到优秀的仿写素材,进行随堂的仿写练习。

文段仿写是指在文章中提取某一段落进行模仿写作。

在教学过程中各类仿写实施策略均可互相借鉴。

以下以范文仿写、语言仿写以及情感仿写为例举出具体实施策略。

1.范文仿写策略

范文仿写多用于学生作文仿写中,包括标题仿写、选材仿写、立意仿写、结构仿写等。

标题仿写指对于经典的标题进行模仿。如"环保"话题"我想有个家——鸟儿的心愿",标题仿写应当关注到所仿标题的意义以及新颖性。

选材仿写是指模仿优秀选材,好的选材能紧扣中心,具有典型性,而且新颖,能够有效地帮助文章升华主题。以《我的母亲》一文中的选材为例:母亲没有斥责"我"、母亲假装发怒、母亲教我认字等,选取典型新颖的材料,塑造出一位教会"我"成长而且慈善的母亲,人物性格被表现得淋漓尽致。

立意仿写是指模仿优秀文章的立意。立意是否正确直接关系到作文的成败,立意是否准确、新颖、高远、深刻是拉开文章档次的一个关键。如课文《天游峰扫路人》告诉我们要自信豁达、热爱生活,《滴水穿石的启示》告诉我们要坚持不懈地努力,这些立意关乎人间真情、关乎自然、关乎社会、关乎生命、关乎人生,使学生在仿写时既能感受自我,又能走出自我而关注天下。这些课文是学生进行立意模仿的典范。

结构仿写是指对仿写素材的行文结构进行模仿,通常对段落结构或文章结构进行仿写。小学阶段通常接触较多的结构是总分式、并列式、"总—分—总"式等,可以引导学生进行仿写。如《富饶的西沙群岛》的第三段是并列结构方式,从三个方面来写海底的丰富物产。教学的时候,先让学生了解同时介绍事物多个方面时,应当使用并列结构,再让学生写《校园一角》《公园》等段落,让学生在实践中加深认识。

2.语言仿写策略

仿效现成的语言格式以及修辞手法而写出新的语言即语言仿写。如王勃对瘐信"落花与芝盖齐飞,杨柳共春旗一色"进行仿写,写出了"落霞与孤鹜齐飞,秋水共长天一色"这一千古名句。

在语言仿写中,应当关注语句中的语法以及修辞的运用,语言仿写带有创造性成分,在语言仿写中应当先入"格"再出"格"。"格",此处专指语言中的语法修辞规范。从已有的语言规范中向外延伸,在小学阶段,教师选取适合不同年龄阶段的语言素材,从语法修辞结构入手,先训练学生入"格"能力,再进行出"格"引导,培养学生的发散思维,由普通仿写到创造性模仿,由此促进学生语言仿写能力的提升。

3.情感仿写策略

情感仿写是指仿写素材中所表达的情感。此处情感相当于文章的基调。如文本《情有独钟》,其中的关键词"独"要写足,无论是对一种过去的生活、一种爱好、一个人还是一种追求,要写足这个"独"才是关键,而要写足,可以借助于直接表达、衬托突出、正面描写、排他性表达、唯一性表达、理性分析等,让文章具有感染力。

新课程越来越呼唤学生在写作中抒发真情实感。学习表达情感有其必要性。在进行情感仿写时,明确文本感情色彩,是褒义还是贬义,有什么深层含义,情感仿写教学重视教师对仿写情境的创设,学生对素材中所表达的感情的理解,都很重要。这需要在教学中以多种手段引导学生体悟情感。

(四)仿写方式实施策略

1.仿写方式的含义及类型

仿写方式维度阐明教师在仿写教学中引导学生进行仿写的方式。仿写方式是指教师在仿写训练中运用的练习方式,包括点仿、句仿、段仿、篇仿、景仿、评仿、直仿、实仿、语仿、技仿、格仿、意仿和神仿。

点仿是指对于某一仿写素材的一个方面进行仿写。如对其修辞、语言、结构进行模仿,它重视对单一的点进行模仿,避免多方面模仿导致的逻辑混乱现象。

句仿是指模仿一个句子。句子的结构复杂多样,教师在句仿过程中可综合练习多样句型。

段仿是指对文章中的某一段落进行仿写。可以是特定的优秀描写段落,或是修辞手法运用到位的段落。

篇仿是指对某篇文章的整体化模仿,大到构思,小到修辞,整体与仿写素材一致,特别关注仿写的整体性。

景仿是指对描写景物的优秀仿写素材进行模仿写作。景物描写手法多种多样,各类景物的描写方法也不尽相同,教师可选择多种具有代表性的素材进行仿写训练。

评仿是指在仿写教学过程中,学生对仿写成果评价方式方法的模仿。教师给出评价范例,学生通过评价别人的成果,了解到自己的仿写成果的优劣。

直仿是指对仿写素材直观表达意义的模仿,不进行深入的揣测。

实仿是指对写实语言的模仿。

语仿是指对仿写素材中语言运用的模仿。

技仿是指对仿写素材中写作技法的模仿。

格仿是指对仿写素材的行文规范进行模仿。

意仿是指仿写内容与仿写素材意义相关,"貌不同而心同",即对素材表达意义的模仿。

神仿是仿写的最高境界,可理解为"貌不同而神似"。

针对以上仿写方式,以下为具体运用策略。

2.运用仿写方式的策略

第一,仿写方式的运用原则。

采用以上方式仿写时应当遵循以下几个原则:

一是明确话题,即明确仿写怎样的素材,素材的话题是什么,有哪些条件限制,在修辞与内容上有什么样的要求。

二是色调相合,所仿出来的内容与素材情感色调相像。

三是分析素材的结构句式,明确素材是怎样组成的,以及素材的内部逻辑。对于仿写方式的选择,教师应当充分考虑仿写素材的特性,依据素材来选择仿写方式,且依据学生的能力水平,从句到段到篇章进行仿写,从嵌入式仿写入手,到续写式仿写,到命题式仿写,再到开放式仿写,从低年级到高年级不断增加仿写方式的难度。

第二,仿写方式的运用策略。

句仿、段仿、篇仿的方式有四个下位概念:嵌入式仿写、续写式仿写、命题式仿写、开放式仿写。在进行句、段、篇的仿写时,可以采用四类仿写方式。

第一,嵌入式仿写,指所要仿的句子夹在仿写素材中间,它限定了句子表达的思维空间,要求与前后语句搭配得当,句式或前或后要相同。

第二,续写式仿写,一般是指在仿写素材的末尾留空,要求根据例句的句式和内容,续写一个或多个句子,与上文构成一段语意完整的文字。

第三,命题式仿写,是指给出了语言材料,再另外命题,确定内容,按照例句仿写。

第四,开放式仿写,一般有两种形式:一是不提供语言材料,只有内容或形式的要求,所写句子的内容或形式隐含在答题者过去的阅读视野中;二是只提供例句的形式,不限定仿写的内容。

在仿写方式的运用上,低年级运用较为简单的仿写方式,如句仿、段仿、嵌入式仿写;高年级运用较难的仿写方式。在课堂教学中,从低级到高级进行阶梯式训练,可以根据具体仿写素材综合利用嵌入式仿写、续写式仿写以及其他方式的仿写。

(五)仿写训练方式实施策略

仿写训练维度从教师如何进行仿写训练角度剖析仿写教学。仿写训练应遵循两个原则,仿写训练也按照一定的策略来实施。

1.仿写训练应遵循的两个原则

第一,训练方法符合小学生语言思维发展水平。

在选择训练方法过程中,应当综合考虑小学生思维发展阶段。心理学家指出,5岁是语言发育的一个分水岭,从这时开始至12岁,语言的发展将出现根本性改变,不仅是句子的复杂化,而且句子的含义和语言的用途都全面发展,最为显著的一个变化是儿童运用语言学习阅读和书写。

在仿写训练中,应当充分考虑学生语言发展阶段。1~2年级为一个阶段,3~6年级为一个阶段。

在1~2年级,学生正处于识字写字阶段,此时仿写教学应以口头说为主,且训练注重生生、师生的沟通交流,训练内容上选择句段模仿。在低年级的仿写训练中,教师应注重对学生情感的激发,让他们产生仿句的兴趣,提倡学生自主学习,给出一些例句,使学生了解例句所表达的内容,运用了哪些特殊的修辞手法。对于低年级学生来说,过多的语法讲解是不需要的,应在朗读句子的基础上,以读促讲、以读促写。由于低年级学生识字量小,会书写的字有限,仿句在书写上存在一定程度的困难。因此,"说"应先行,在"说"的基础上,让学生进一步地把自己说的话写出来,达到"我手写我心"的层次,在仿写教学中促进学生语言表达能力的提升,也为高年级阅读与写作打基础。

在3～6年级,仿写教学以说写结合为主,此时可以对文本做语法修辞的分析,在帮助学生理解文本的基础上指导仿写方法,以促进学生仿写能力的提升。

第二,训练内容综合考虑语文课程教学进度。

仿写训练内容的选择应当综合考虑教师语文课程教学进度。仿写教学目前没有被纳为语文教学体系,限于教师的时间与精力,很多教师会采用随文仿写的方式进行仿写教学,在讲解课文的过程中,进行好词、好句、好段的仿写练习,所以训练内容多数来源于课本。课内仿写训练资源有限,仿写训练内容选择应当从课内向课外延伸,注重课内知识的学习,通过课外进行仿写能力的强化。在训练内容的选择上,在符合课标的要求下,应该兼顾训练内容的多样性,尽可能使得仿写训练内容多样化,从而促进学生写作能力的发展。教师在教有余力之时,可适量进行系统性仿写教学,从内容与训练方法上系统介绍仿写,有助于学生将仿写知识迁移于写作。

2."四仿"训练方式

仿读、仿说、仿写、仿评合称为"四仿"训练方式。

仿读,是指教师范读,学生模仿朗读。

仿说,是指教师指导仿写方法,点拨仿写素材内容,学生口头表达自己的想法。

仿写,是指进行仿写练习。

仿评,是指评价方式的模仿与运用。

第一,仿读训练策略。

语文教学中,读既是一个知识输入的过程,又是一个输出的过程。仿读是仿写教学的第一步,也是仿写知识输入输出的第一步。

教师给出仿写模型素材,学生通过读,输入理解,进入大脑,此处为仿读。该"仿"意为模仿,那么这里的"读"应该模仿什么呢?首先,教师范读,学生模仿教师语气、语调、停顿处。教师的范读供学生仿。教师在范读仿写素材的过程中,认清教学目标,带着对句子的理解进行朗读,读出停顿,读出情感,读出素材的优美之处,不仅使学生能够明确理解该素材的仿写点,还促进学生理解句子。

教学过程中留有读书的时间,优化朗读方式,不但可以激发学生学习的兴趣,让学生在情境中走进课文,在领略优美的语言文字的同时,感悟作者的情感,还可以提高学生听、说、读、写的能力,培养学生良好的语言习惯和热爱祖国语言的感情。

第二,仿说训练策略。

学生在初步了解素材以后进行仿说练习,这里教师起到模范作用,将文章中的仿写点,文章中的表达方法,说出来给学生做示范。

在说的教学过程中,教师从学生的认知规律出发,回归生活,将生活的点滴融入仿写素材中,促进学生对素材的理解,深入分析文本。

分析范文时可以从以下七个方面入手:

①理解仿写素材大意;

②理解含义深刻的词句;

③准确划分段落层次,概括段意或层意;

④理清内容的主次、辨别详略;

⑤找出和理解中心句,概括中心思想;

⑥找出语义衔接和过渡的语句;

⑦找出作者观察或者记叙事物的顺序。

对于仿写素材,学生不一定能够抓住仿写点,这时,教师要做"仿写素材简析",对素材做画龙点睛式的分析,对学生仿写做切中要领的提示,以便学生准确捕捉模仿点。适当为学生创设材料情境,能够促进学生对材料情境的把握。

第三,仿写训练策略。

在理解仿写素材、明确仿写点后,进行仿写练习。在仿写过程中,教师进行个别指导,对个别学生具体用词用句进行指正。

在仿写教学过程中,写是关键的一环。如何抓好写这一环,应当注意三个方面。

首先,要列出简单的仿写提纲(写作顺序)。通过读与说,明确仿写点,看句式、修辞、结构、连接词等,仿写训练前明确先写什么,再写什么,最后写什么,或开头写什么,中间写什么,结尾写什么,并注明详写、略写。

其次,仿中有写,以写为主。

最后,检查辅导。学生在写初稿时,教师要检查辅导,发现问题要及时解决。

第四,仿评训练策略。

教师引导学生模仿教师对作品进行评价。在仿评教学中,教师要明确评价目的,即为了发现别人的问题,对自己进行借鉴;教师要明确评价方式和评价标准,即从哪几个方面对学生作品进行评价,如仿写的结构、句式方面的相似度,或是在情感理解上的深度,以及自我创造出的东西等。

在教学中,可以科学利用具有典型性的仿写作品,进行对比,并且讲评具有代表性的作品。仿写虽然有模可仿,但学生的基础不一,仿写中未免出现很多问题,讲评时对普遍存在的问题,要提出来让学生议论、修改。有的学生思维能力、想象力较强,仿写时不只是模仿范文的模式,而是从不同的角度,用不同的表达方式,写出别出心裁的文章,对于这一典型,教师要大力地表扬,可以运用多种评价方式,如口头评价、仿写作品打分制、评奖评优制等。

四、仿写教学资源的运用策略

教学资源是教学材料与信息的来源,一切可以利用于教育教学的物质条件、自然条件、社会条件以及媒体条件都可以称为教学资源。学生的学习需求通过丰富的教学资源来满足。我们应该认识到,不仅教学网络(语文作文资源网、语文学习资源网)是教学资源,教师和学生也是教学资源,要充分利用一切可以利用的资源。

现行仿写教学中,除了教材成为唯一仿写教学资源外,在仿写资源的开发主体、内容设置、条件等方面都存在不足,主要表现为以下两个方面:

第一,仿写教学资源的开发主体,主要依靠少数专家,特别是学科专家。他们对于"教师开发生成课程"概念没有真正理解,没有意识到最有潜力的开发者就是教师本身。

第二,网络资源的开发与利用滞后。网络是仿写课程资源建设的素材宝库,然而网络中的仿写资源被忽视,不被利用。[①]

对于以上教学资源的开发问题,可以提出以下策略。

(一)充分利用小学语文仿写教学资源

现有小学语文仿写教学法资源大多在于图书等资料。教师应当充分利用现有的图书等资源,对仿写教学法进行学习与研究。

软件资源包括学生、同事、校园环境等非物质性资源。教师应当合理利用同事经验性资源,如仿写教学活动记录,其中富有仿写教学资源。在教学中,要充分利用学生,学生本身对仿写的经验,学生的理解能力,学生已有的仿写水平,等等,都能够促进教师对仿写教学进行深入的研究。

同时,语文教师是仿写教学的主要资源。教师应当对仿写教学进行深入研究,不断探寻仿写教学方法,开发课本仿写资源。课内文章有丰富的值得学习的仿写范例,为我们提供了丰富的仿写资源,教师应当充分利用课本,在完成课内教学任务的基础上向课外资源延伸。

此外,教育部门举办的作文仿写训练课程,继续教育涉及的作文教学课程,等等,都是属于应当被充分利用的仿写教学资源。

(二)科学利用小学语文仿写教学资源

在已有的仿写教学资源中,课本作为一个典范资源,教师应当善于挖掘教材中文质兼美的文章,以及优秀诗歌中语言文字训练的要素,积极寻找仿写典型,发现规律,从课内素材向课外延伸。

网络资源也应当被重视,但是在利用课外资源时,应当对资源进行筛选,取其精华,去其糟粕。

可以对现有资源进行分类、归纳、总结,形成自己独特的仿写教学资源体系。现有资料中有的已经整理好修辞重点,教师可以科学利用这些修辞重点,选择适应小学阶段的知识,对学生进行仿写训练。

(三)建设开发小学语文仿写教学资源

教学资源开发意味着对教学资源的再挖掘。社会、学校、学生永远在变化着,

---

① 高有华.课程基础理论及其应用[M].镇江:江苏大学出版社,2011:210-214.

相应的教学资源也在不断地产生与更替,网络教学资源越来越丰富,是海量的,具有开放性的,可以充分挖掘小学语文仿写教学资源。

对于小学语文作文仿写教学,教师、学校应当积极开发仿写教学资源。如某小学以"书香校园"为理念,创设学校读书日,校长参与编写校本教材,推之于仿写教学,学校积极举办仿写训练活动,学生积极参加仿写竞赛。又如,为教师提供仿写教学研讨观摩以及交流的平台,教研组积极开展仿写教学研究,积极参与或举办校内外仿写教学培训活动,研讨仿写教学专项内容:仿写教学如何开展,课内教学如何与仿写训练相结合,仿写教学有哪些方法,等等。

仿写教学存在于语文教学中,语文所有教学资源都可以拿来利用。仿写教学资源同样是丰富的、大量的,有待一线语文教师、语文教学研究者、学校领导者、语文学科专家等共同探索与开发。

第六章　小学语文课程作业系统实施策略

学生受教育的过程是一个社会化的过程。这个过程包括相互联系的两个具体的过程,即内化过程和外化过程。

所谓内化过程,就是学生在教师引导下,通过思考、认识、领会,将教材中承载的社会知识,与自己原有的经验、观点、信念,结合在一起,转化构成一个统一的个体内在体系的过程,也就是养成个人的内在素养,正如"腹有诗书气自华"。

所谓外化过程,就是学生将养成的内在素养外化于行,训练理论联系实际的实践能力,培养学生具有运用知识解决实际问题和创造物品能力的过程。

只有内化过程而没有外化过程,就会使学生成为"语言巨人,行动矮子","高分低能",甚至"高分无能"。因此,在重视内化过程的同时,要强调外化过程。

语文作业系统的功能应该是实现语文教育的外化过程。

一、小学语文课程外化型作业系统

小学语文课程作业系统在传统上是一个师主型的,随着主体教育思想的发展,出现生主型作业。从新课程理念来审视,小学语文课程作业系统仍然是不完善的,需要优化。外化型作业系统将会是改进与优化小学语文课程作业系统的突破口。

(一)外化型作业系统的内涵

外化型作业系统,是指课堂练习、课堂作业和课外作业都要以外化型来体现,而其最高形式是物化的作业。

外化型作业并不是对传统作业系统的全盘否定。它不否定巩固知识,但特别注重知识的应用;它不否定师主型下教师的作用,但要改变教师的威权为指导与引领;它不否定生主型以学生为中心下学生的积极主动性,但更强调学生作业过程的操作性、实践性和物化的创造。

外化型作业是在一定范围内让学生自我选择作业内容、自我设计作业内容、自我安排作业时间、自我评价作业效果的一种新模式。[①]外化型作业是对师主型作业的超越与提升,是对生主型作业的优化与完善。

(二)外化型作业系统的功能

1.促进教师反思作业设计

外化型作业设计理念认为,教师在作业方面的核心任务是提升学生自主作业和有效作业的能力。

在设计作业时,注重作业内容与实际环境及内在固有知识之间的联系,看重作业内容的实用性、可操作性与探究性。要求作业内容来源于实际生活,让学生在课堂以外去观察自然界的事物和劳动现象,通过课外观察、动脑思考、实物操作等方式去解决实际生活中的问题,从而提高语文素养及语文知识的综合运用能力。

2.促进学生对知识的综合应用及创新

首先,外化型作业注重作业的意义性,与生活息息相关,吸引学生主动积极地思考和探究,形成独立生活的能力。外化型作业与学生的知识水平、能力水平和经验水平相匹配,新旧知识兼顾,降低学业难度,使学生更容易接受。

其次,外化型作业为学生提供不同类型的作业,让学生自主选择,尊重学生,为学生提供展示个性的平台。外化型作业整合多学科知识,推进相关知识发展,融合各种思维方式,促进学生和谐发展。

最后,外化型作业注重培养学生的创新力、想象力及思维能力,提高学生发现、分析与解决问题的能力。

3.促进传统作业类型的转变

传统的作业类型以教师为中心,是一种"高投入、低产出"的作业形式;而外化

---

① 李昌官.作业:从"师主"走向"生主"[J].中小学管理,2012(12):6-8.

型作业侧重于学生及其学习需求,达到"减轻负担,提高效率"的效果。

学生不是教材的被动接受者,而是关键的、具有批判性的参与者、思考者、改革者。外化型作业改变学生单一、被动的学习方式,形成自主探究与合作学习的方式,增加了每个学生参与学习、应用知识技能以及实施实践活动的机会。外化型作业强调要教给学生获得知识、发展能力的方法,而不单单是某个问题,"授之以鱼,不如授之以渔"。

二、小学语文课程外化型作业系统的理论基础

(一)桑代克的学习练习律

美国著名的心理学家爱德华·桑代克(1874—1949)是学习理论和教育心理学的创始人。十九世纪末,他提出"联结试误说",在此基础上升华为联结主义学习理论。在二十世纪三十年代,桑代克在实验后提出人类学习的三大定律:准备律、练习律和效果律。[①]其中,练习律对于作业系统的研究有着重大意义。

练习律是指学习需要经过重复才能完成,由使用律和失用律构成。桑代克认为,联结(练习)的使用将增加此联结的强度,联结丢失(不练习)会导致这种联结的弱化或遗忘。桑代克的练习律承认了作业系统的重要性,也就是说,作业系统确实需要以师主型作业为基础,重复是学习的必由之路,知识在重复的基础上得到巩固。

后来,桑代克多次指出,广泛的过度练习不会无条件地增强刺激并反映联结的力量。只有当学习者发现重复练习可以达到满意的效果时,练习才有利于学习,没有强化的练习就没有意义。换句话说,机械化的、毫无意义的练习对知识的学习没有积极的影响,有意义的练习才能提高学生的学习能力。这就需要生主型作业和外化型作业共同组成作业系统,通过独立作业转化为技能技巧。为了提高学习效率,高水平的教师应当精选练习并进行适当有度的重复,使练习起到积极的推动作用,促进"外化型"作业的发展,达到举一反三的目的。

---

① 马彩虹.桑代克的学习定律及其启示[J].常熟理工学院学报,2001(3):68-70.

（二）加里培林的智力技能发展五阶段理论

彼得·雅科夫列维奇·加里培林（1902—1988）是苏联著名心理学家，他从二十世纪四十年代开始研究智力的本质及形成问题，于1953年提出了著名的智力动作多阶段形成理论。

智力动作多阶段形成理论认为，心理活动是从物质活动迁移到知觉、表象、概念的水平，这个过程经过活动定向基础、物质活动和物质化活动、有声言语、无声的"外部"言语、内部言语五个阶段。①每个阶段常与前一阶段结合，但都是一个必须完成的、非独立的阶段。其中，第二活动阶段概述如下：

> 物质活动指运用物理对象来完成活动而言。当孩子学计数时，他们总是会先数实物，如几个苹果、几棵树。物质化活动指为教学活动使用物理模型、图片、表格、模型、原理图、图表等，这是教学过程中的重要形式。这和外化型作业中"物化"作业的理念相同，尽可能地将抽象的文本知识转化成可以操作的物理实物。
>
> 物质化活动是物质活动的一种变形。教师使用模型、图表等来重现物理对象的基本特征和关系，学生也可以利用进行对比、测量、移动和改变等活动。

为了帮助学生形成新的智力技能，教师必须选择与教材相关的物理对象和具体形式，确定其内容，然后扩展和总结活动。这在一定程度上等同于"外化型"作业的概念，它主张将学生的内部知识外化于型，训练理论联系实际的能力，以物质的形态展现对知识的理解。

（三）"概念、原理"与"过程、方法"关系理论

概念、原理表征探究结果；过程、方法表征探究过程和方法论。探究过程和方法对应着探究结果。概念和原理体系取决于探究过程和方法，二者具有内在的统一性，不可割裂。

美国著名课程论专家阿普尔于1990年指出，在进行课程选择时，常从学科领

---

① 肖前瑛.加里培林论智力活动[J].华南师范大学学报(社会科学版),1981(3):70-73.

域中裁剪出现成的结论,然后根据可接受性原则进行转换,最后编制出不同类别的教材。至于为什么要对这些结论进行研究,得出这些结论的过程,等等,都被排除在课程内容之外了。[①]

学生们所面对的是一些既定的无争议的"客观事实"。但是,探究真知的过程与知识本身一样具有重要意义,只有将探究的过程与得到的结果结合起来,才能提高学生的精神境界。如果学生掌握的只是某个结论,却对该结论的原理及发现过程一无所知,那么这种教育就是失败的,是对学生个性的掌控,而非个性的解放与发展。

外化型小学语文课程作业系统中提出的外化式、探究式、研究式、操作式、实践式、物化式等作业形式,其思想就来源于"概念、原理"与"过程、方法"关系理论中强调过程和方法的观点。

三、小学语文课程外化型作业系统的实施策略

(一)实施以外化型作业为主,师主型、生主型为辅的策略

外化型作业不是一味否定师主型作业的意义,而是在师主型作业注重基本知识的基础上提升作业系统的质量;也不是独立于生主型作业,而是在生主型作业以学生为中心的基础上提炼升华,更加注重作业的意义性。

外化型作业为主,师主型、生主型作业为辅,具体要求如下:教师在作业方面的核心任务是提升学生自主作业和有效作业的能力,在巩固知识点的前提下杜绝死记硬背,新旧知识兼顾,降低学业难度,与学生的知识水平、能力水平和经验水平相匹配,使学生更容易接受;作业内容源于生活,看重作业内容的实用性、可操作性与探究性,并提供不同类型的作业供学生自主选择,尊重学生;注重激发学生的求知欲,发展学生的思维,将多学科知识综合,使相关知识学习相互促进,各种思维方式融合,使学生通过课外观察、动脑思考、实物操作等方式解决实际生活中的问题,从而提高语文知识的综合运用能力并形成独立生活的能力,促进学生和谐全面发展。

---

① 张华.美国当代批判课程理论初探(下)[J].外国教育资料,1998(3):78.

(二)采用多种形式实现外化型作业

1.合作式的作业

外化型作业强调学生合作意识的培养,偶尔的小组讨论作业并不能很好地建立同学之间的情感,教师要提供更多的机会让学生进行合作学习,提高沟通技能。

苏教版一年级上册第一单元中有一篇关于升国旗的课文,可以设置一个小小的班级升旗仪式。毕竟校级的升旗仪式中升旗手往往是学校选出的固定的几个人,而班级中的安排可以灵活,让学生按自己意愿组队,模拟升旗。让学生自主投票选出最佳升旗手,并让他或她发表获奖感言。

苏教版二年级上册第三单元设置了许多童话故事,最简单的合作方式就是情境表演,教师可以给学生安排固定的角色,让学生进行演练并当众表演。

苏教版三年级上册第七单元其中一课讲述了同学情,对身体有残疾的同学却依然尊重有度,关爱有加。教师可设置一个互吐真心话的环节,让学生给和自己有矛盾的同学写一封信,真诚地与对方交流,建立一个团结友爱合作的班集体。

苏教版四年级上册第一单元第一课讲述的正是辛苦的教育工作者,这时可以告诉学生,他们上课时认真听讲、积极回答问题就是在与教师合作,是对教师最大的配合与尊重,并在课后奖励学生对自己工作的支持。教师自身的行为举止对学生的影响是很大的,教师自身也要与学生合作、尊重学生,这样才能换来学生的合作。

苏教版五年级上册的第三单元,讲授了一些家喻户晓的民间传说故事、成语故事和寓言故事等,可以将课堂作业布置为情境表演。这个年龄段的学生完全有能力自由分组、自由分配角色和任务,请学生自组队并完成一个完整故事的表演。

苏教版六年级下册第四单元,讲授了人与自然、人与人之间的合作,这个主题的作业可以布置为小组作业,可以让学生分组自制"火山",首先学生需要观察真火山喷发时的情境,再找一找生活中可能会产生这种情形的东西(醋 + 苏打,等等,这时可能需要家长的帮助),最后大家在一起比一比,看哪个小组发现的组合更多。

合作类的作业让学生了解,这个世界是个竞争的世界,但更好的合作才会出现高效的竞争。

统编版一年级上册设置了很多问答式的课文,平时课堂活动时可以采取合作教学,在课程结束时可以让学生在众多问答课文中选取一篇,并和自己的伙伴共同演绎此篇课文,可以自制道具或场景,并选出表演最佳的一组。

统编版一年级下册语文园地识字课中有篇《古对今》的课文,讲授词语的对仗。教师可以布置学生课后搜集此类词语,并在课堂中请学生在没有预先练习的情况下寻找自己的伙伴,与其对词语。比一比,评出最有默契的一对同学。

在统编版作业系统中,增加了"和大人一起读"的环节,增加了学生与长辈之间的交流。单独成系统的"口语交际"环节也确实增加了同学之间交流合作的机会。

可见,统编版教材更加重视合作式作业的设置,在培养学生合作能力上也更下功夫。

2.探究式的作业

萨其曼认为,人生来具有一种好奇的倾向,这种自发的倾向会促使人们在面对陌生的现象时尽力找出其发生的原因。[1]可见,好奇心在自主作业的过程中应该占据重要地位。教师应教给学生自主探究的方法,布置给学生寻找事物发展规律的探究性作业。

苏教版一年级上册第二单元其中一课讲述了秋季的景象,可以将本节课设置于学校安排秋游活动时,请学生在秋游时进行探究,如哪些植物在秋天会落叶而哪些植物却在秋天发芽等。

苏教版二年级下册最后一篇课文《问银河》,整篇文章以排比问句的形式出现,这很好地吸引了学生的注意力,不妨给学生布置课后任务:上网查询关于银河的信息、图片等资料,并开展一个"银河角",粘贴学生搜集到的资料并让学生课间自主观察和交流。

苏教版三年级上册第四单元有一课讲了医用工具听诊器,大多学生生活中偶尔生病去医院都见过听诊器,但很少学生会去思考听诊器的原理。教师可以带几个听诊器到课堂中,请学生探究并思考其原理,并举一些生活中能够增大音量的科学方法。

苏教版四年级下册第二单元讲述创造力就是换一种苹果的切法,通常我们熟

---

① 王维仕.浅谈新课标下初中英语作业的编写[J].校园英语(教研版),2011(9):71.

知的事物也都有其不为人知的一面。这部分可以设置环节为发现不为人知的秘密,请学生们在生活中记录一些小窍门或者小秘密,并在课堂上与同学分享自己的发现,比一比谁的发现更具有创造力。

苏教版五年级下册第二单元讲授的内容主要和先进科学技术相关,教师可以布置亲子任务,建议爸妈带孩子去科技馆参观,并请学生在学习日的时候讲述自己发现的科学小秘密给班级同学们听。

苏教版六年级上册第三单元,主要讲授了一些名著和名人故事。教师可以让学生在课后扩展阅读,并自己罗列一份书单,并说一说推荐该书的理由。

在教学过程中,学生好奇心及探究意识的培养是关键之处,多一些探究类的作业能提高学生的钻研能力和发现能力。

统编版一年级上册有一篇课文讲授大和小的抽象性,这篇看似简单的课文却渗透着相对论的科学理念。教师可以设置一个比大小的环节,在学生没有讨论的前提下,请学生写出一个自己观念中认为特别大或是特别小的东西,写完之后让同学之间进行对比,在比较的过程中学生可以更直观地认知大和小的相对性,从而更好地理解课文中的科学观。

统编版一年级下册第十四课讲述了小兔子观察到的一些奇怪的自然景象,并在询问后知道这是下雨前的征兆。教师可以布置学生作业为寻找自然的奥秘,可以让学生通过探究观察或者查阅资料的方式寻找更多下雨前的征兆,也可扩展为其他自然活动的前兆,如地震、海啸等。

3.实践式的作业

实践类的作业多宜放在课后作业中,课堂上每个学生的参与度是有限的,而有效的课后作业可以使每个学生都积极参与学习中,更具综合性与开放性。具有实践性的语文作业可以在帮助学生形成良好品格的基础上开发智力,培养学生的执行能力和自我管理能力。

苏教版一年级上册第二单元主要讲述了人文景观和自然景观。学校可组织学生实地参观东方明珠,若距离上海较远无法实现,则可在上关于菊花的课文时进行实践操作,到菊园去观赏菊花并完成实践类的作业,如画一幅实践过程中观察到的细节或者写实践报告。

苏教版二年级下册第四单元其中一课是通过古诗《游子吟》引出讲母爱。学生的课后实践作业可设置为情感表达,通过多种形式向妈妈表达感激之情,如帮妈妈干家务、给妈妈洗脚按摩等,也可物化制作一个贺卡赠送给妈妈。

苏教版三年级下册第六单元讲授的是自然法则及对大自然生物的保护意识。教师可以布置一个长期的实践任务,如拯救一条生命或提醒他人遵守法则等,该项作业不要求完成的时间,尽可能早尽可能多地完成。

苏教版四年级下册第一单元第一课就讲述了自然环境需要人类的帮助和保护。除了组织学生们进行植树活动以外,还可布置学生每周完成两件以上保护环境的事情,如捡起地上的垃圾、进行垃圾分类、关掉滴水的水龙头等各种对自然环境有益的活动。

苏教版五年级上册第二单元的内容是关于大自然。教师可以布置学生景观采风的作业,让学生在休息日去自然景点记录大自然的神奇之处,在下一节课堂上给同学们展示自己的记录并说一说自己遇到的趣事。

苏教版六年级下册第一单元,描述了许多国内的美景。现在的学生生活水平都较高,去过很多地方旅游,可以让学生回忆自己去过的美景,并将其画出,有可能的话放在街头拍卖,并在拍卖过程中给观看者讲述自己在旅游中看到的美景。

让学生走出课堂、走出家门,是对学生的一个挑战,同时培养了学生的自信心及社会交往能力。

统编版一年级上册第十三课讲乌鸦喝水的故事,讲述只有半杯水的时候可以采取往瓶子里放石子的方式让水面上升从而喝到水。这里可以设置一节科学实验课,分别给学生准备一个空容器,一些大石子,一些小石子,一些沙粒,一杯水,请学生自主操作,往容器中放入这些物体,看看谁放入的物体最多,并说一说放入的步骤,通过实践操作发现:按照先放入大物体、再放入小物体、然后是沙粒、最后是水的顺序放入物体时,可容纳的量最多这样一个科学结果。

统编版一年级下册第十五课讲述了一个不爱收拾东西的孩子找不到自己的学习物品的故事。在此课,教师可以设置整理自己的房间这样一个实践作业,并请家长拍照后传给教师,在课堂中进行展示,在帮助学生充分理解课文的同时督促他们养成良好的卫生习惯,并在打扫整理的过程中体会妈妈每天做家务的辛苦。

统编版作业系统的语文园地练习中设置了一个环节叫"我的发现",这其中的作业往往都是实践观察类的,培养学生在日常生活中的观察意识和观察能力。由此可见,统编版教材强调科学性和实践性。

4.层次性的作业

希尔伯特认为提出的重大问题应当具有以下三个特点:清晰性和易懂性;虽然困难但给人以希望;意义深远。[①]作业太简单或是作业过难,都会导致学生丧失学习的积极性。因此教师在选择作业内容时,要有层次性,既有帮助打基础的基本问题,又要有利于提高兴趣的灵活问题,还要有促进学生钻研的困难问题。而作业的量不宜过多,适当就好,否则会让学生产生厌烦心理和逃避行为。由于学生个体学习水平、家庭情况等方面存在差异,教师要根据实际情况设计难易不同的、有层次的作业,让学生根据自己的掌握能力,灵活地选择作业及作业完成的时间、程度和数量等。

如在小学语文教学中常常可以布置以下"自助餐作业":词语作业,能够认读本课新学的字词;背诵作业,对本课中主要段落要求熟读,鼓励背诵。学生可依据自身具体情况和兴趣,挑选难度不等、角度不同的作业。

苏教版作业系统中,层次性作业的设置很少涉及,大多是统一要求;统编版作业系统中出现的"选做题",很好地展示了此类作业应该出现的形式,让学生根据自身的实际情况选择自己能够完成的作业。只是统编版此类选做题出现的频率很少,应当有所增加。

以上四种形式的作业都该受到重视。这四种形式并非是独立存在的,不可以孤立的视角看它们。四者之间互相依赖、互为依存,培养学生合作意识的同时,培养学生探究意识,提高学生的动手能力,增强学生的实践创新能力。

(三)促进物化式的作业的发展

物化式的作业是外化型作业类型的高级产物,是以"物"的形式体现抽象的文化内容。在设计作业内容时,作业内容不仅要紧扣教材,还要对这些题目进行加工、创作,巧妙地将其与实际生活结合,将知识点融入其中,使其不仅能够达到巩固书本知识的效果,还能帮助学生建立解决实际问题的能力。

苏教版一年级下册中有很多识字课。学校配套的识字卡片却只是白底黑色,看久了不免乏味,还容易形成机械记忆。教师可以布置学生自制创意识字卡,如

---

① 查有梁.50年教学和研究之经验[M].重庆:西南师范大学出版社,2014:98.

运用绘画法、拼音法、造字法、古文法等各种形式，提高学生识字的难度，寓教于乐。

苏教版二年级上册第六单元讲述了很多名人大家的事迹。梅兰芳是中国伟大的京剧大师，他将中国的国粹艺术发扬光大。教师在讲述完课文后，可以播放京剧给学生欣赏，并让学生动手绘画脸谱，自己制作出京剧脸谱。

苏教版三年级下册第四单元有一课描述了美丽的荷花。学生在欣赏过美丽的荷花之后，可以动手制作一件荷花服。如利用家里的废旧衣服或者废旧纸盒等材料，发挥想象，在家长的帮助下动手制作一件荷花服，并在班级组织一次小型的模特展示活动，向班级同学展示自己的成品，并说说自己的设计想法来源。

苏教版四年级上册第三单元中有一课讲述了关于桂花的故事。教师在设置课后作业时，可以请学生搜集桂花或者桂树叶，制作作品，如树叶贴画、桂花油画，或制作桂花糕等，由学生根据家庭实际情况完成。

苏教版五年级下册第四单元讲名胜古迹。教师可布置关于手工操作的作业，请学生在查阅图书或资料图片后，用黏土动手制作一个东西，可以是兵马俑也可以是金字塔等。

苏教版六年级上册第四单元主要讲中国的民间传统艺术剪纸、安塞腰鼓等。教师可以布置学生完成一份剪纸或者学习一段腰鼓动作，录成小视频，可以放给同学们欣赏，也能保存下来，留做纪念。

多一些物化形式的作业，不会让学生觉得单调乏味，还能在实物操练中锻炼身体机能、提高观察能力和动手能力。

统编版一年级上册第四课讲述了四个季节，并把不同季节的代表性特征进行讲授。教师可以布置学生完成一个与四季有关的作业，如女孩子可以给四个娃娃分别搭配一个季节的衣服，男孩子可以画一副代表四个季节的图画，经常出去旅游的同学可以展示四张不同季节且能展现季节特点的旅游照等。

统编版一年级下册第十课讲端午粽香甜，却没有讲述端午节的由来，而是把查询端午来源和粽子由来的任务放在了课后，这锻炼了学生探究和实践能力。另外，教师在本课可以将课后作业设置得充满乐趣和创造力，请学生自主选择材料制作端午粽。这给了学生很大的选择权，因为制作材料丰富；又给了学生一个固定的主题——粽子，不至于让学生的想象力飞得太远而回不来。

此类的物化式作业，能很好地提高学生学习语文的兴趣，提升学生的语文综合能力。

四、小学语文课程外化型作业系统的评价策略

（一）评价的理念

评价是课程的重要组成部分。科学的评价体系是实现课程目标的重要保障。有效的评价机制能够使教师通过一系列的作业了解学生对知识的掌握情况，并及时给予反馈。外化型作业提出的评价标准是多元的，包括评价主体多元和评价方式多元。

评价主体多元，表示评价的人多元、评价的对象多元。评价的人多元，是指评价的人不只是教师，学生也可以掌握评价的主动权，而不只是被评价的角色。学生通过担任评价者的角色，提高了参与度，提升了自我效能感。评价的对象多元，是指评价的不仅仅是最终的结果，完成作业的过程也应当是评价的对象。

评价方式多元，表示评价的形式多元、评价的标准多元。评价的形式多元，是指可以是他人评价，也可以是自我评价，还可以是学生之间的评价等。学生之间的评价可以促进学生之间共同思考、互相激励，形成良好的伙伴关系。评价的标准多元，是指评价的标准不是只看分数，学生的动手能力、创作能力等也是属于评价的标准。

（二）评价的原则

1.学生主体原则

学生是学习和评价的主体。评估标准的确定、内容和评价方法的选择以及评价的实施必须旨在促进学生的发展。

在教师的指导下，学生必须学会运用适当的评价方法和可行的工具来了解评估标准和学习过程，积极反映和规范自己的学习策略，认可自我，培养自信，明确目标。

教育行政部门、教研部门和学校要建立以学生为中心的评价理念，完善评价机制，采取有效的评价措施，促进学生整体发展。

2.方式合理和方法多样原则

在评价的设计与实施过程中,在每个阶段教学特点和评价目的基础上,结合学生的年龄和认知水平,可以采用合理多样的评价方法,如教师评价、家长评价、同伴评价和自我评价等。学生可以在多种评价方式中选择与调整自己的评价方法。

3.形成性与终结性评价相结合原则

形成性评价的目的是促进学生学习,通过过程中的反馈给学生提供具体的指导和帮助。

终结性评价主要检测学生综合语言运用能力的发展程度。

外化型小学语文课程作业系统的评价体系采取形成性评价与终结性评价相结合的方式,以形成性评价为主,在关注结果的同时注重过程。

4.激励为主原则

皮格马利翁效应告诉我们,赞美和鼓励能够改变一个人的行为。

在学生学习的过程中,给予正确的评价,帮助学生形成积极向上的情感,帮助学生建立积极的归因方式,如面对成绩的时候,归因于努力学习的过程,而不只是看结果。

要将课程标准与平时的教学过程结合,用符合学生认知水平的评价形式,充分发挥评价的积极作用。

(三)评价指标从分数评价走向"物化"的评价

传统的作业评价过于强调作业的甄别与选择功能,作业评语教条化,作业评价单调。如当前部分教师的作业评价,只是一些简单的等次或分数,如优、良、中、差之类。有些作业虽然写了评语,但多数评语没有感染力,缺乏人情意味。学生对这样的作业评价司空见惯,久而久之,就没有感觉,严重地破坏了教师评语的激励功能。

新型的作业类型需要新型的作业评价。分数论英雄的现象早该淘汰。外化型作业评价不以书面的纸笔测验作为评价学生的依据,而要以外化的"物"的作业作为评价对象,即"物化"的评价。

　　如在学生学习关于某样乐器或剪纸等传统工艺的知识时,学生动脑动手做出一个乐器或工艺品来,那么作业的评价就要从书面评价转向外化的行为、制作、实践、表达等方面,再到外化的最高形式即"物化"的评价。教师不再是机械地给出等级或分数评定,而是根据学生的制作原理、制作过程、制作结果等给出综合的评价,过程性评价和结果性评价共存,并给出相应的指导。语文作业能够也应该做出物质化的作品。有效的评价机制使得学生不只能够掌握单纯的文字知识,在物化的过程中还能够给学生实践探究的机会。

第七章　小学英语情境教学应用策略

小学英语情境教学法既要提供客观性的实景,又要创设主体的经验性背景。它以建构主义理论、情境认知理论、英语多模态理论为基础,包含一系列的实施策略。

一、实施"情境"式小学英语教学

(一)"情境"式小学英语教学的内涵

情境的"境",原意里,既包含客观存在的实景,又包含主体主观方面的体验背景,如个体经验、文化心理、社会历史背景。但以往人们只是理解与使用客观存在的实景,很少理解到也很少利用主体主观方面的情境。针对这种理解的片面性,本书提出主体之"情",指的是能引起主体主观体验、产生情感共鸣的体验性情境、历史性情境、文化情境、社会情境等。

"情境"式英语情境教学,就是在小学英语教学中,既要提供客观性的实景,又要创设主体的经验性背景,使学生在两种情境的相互际遇、相互反映中培养英语综合能力。其特征是直观性、体验性和综合性。

1. 直观性

情境应给学生真实感,将复杂的知识放在真实的环境中,能有效刺激学生的想象和联想,促进小学阶段的学生由形象思维向抽象思维过渡。

2.体验性

强调人的亲身经历,强调人对过程以及结果的感受。要求教师在教学中为学生创设"真"的情境,以引起学生的情感体验,使学生产生情感共鸣。

3.综合性

综合性是指"情 + 境"式的情境教学法。"境"中有"情","情"不离"境","情""境"交融,有机结合,以便培养学生的英语综合能力。

(二)"情境"式英语教学的程序

"情境"式小学英语情境教学法的程序是:创设情境—角色分配—合作体验—会话交际—总结表达。

1.创设情境

教师依据教学内容与学生实际需要,借助一定的手段,为学生创设出一种富有情感、美感的学习情境,使学生在情境中受到感染,从而促使学生以情绪饱满和自觉主动的状态去学习。

2.角色分配

教师在情境中为学生分配合适的角色。学生在角色中感悟情境,产生角色认同感,将情境内化,使情境带有主体的感情色彩。

3.合作体验

学生在特定的情境中参加各种活动,在活动中合作、互动、体验情境,在开发智力的同时促进团结协作能力的培养。

4.会话交际

在教师创设的情境中,学生将所学的句型灵活运用,在角色的安排下进行会话交流,不仅可以熟练掌握所学的知识,还能促进英语口语表达能力的提升。

5.总结表达

教师将所学知识进行总结,使学生理解所学知识的情感基调,做到情与理的统一。学生可以将这些知识用自己的方式表达出来。

(三)"情境"式小学英语教学的类型

根据"情境"式小学英语情境教学法的内涵,在利用已有情境类型时,要开发新的小学英语情境类型。

1.自然情境

自然情境即客观存在的实景,如名胜古迹、山川河流、日月星辰、花草树木、虫鱼鸟兽、江河湖泊、海洋岛屿、雪山冰川、湿地沼泽、森林草原、戈壁沙漠、风雨雷电等。这些自然情境都可以作为学习英语的情境。

2.社会情境

社会情境,如家庭、学校、社区、公园、工厂、超市、野外等真实存在的生活场景。学生能在这些真实的场景中学习、感悟,可以用所学的知识解决实际的问题。

3.教学实景

第一,课堂情境,是指课堂上教师运用一些手段,如表演、游戏、直观演示等,为学生创设一些与教学目标、教学内容相关的情境。

第二,场域情境,是指教师利用现场教学、社区活动、外事活动、文化节等形式为学生创设的情境。

第三,生活情境,主要包括生活中常见的情境,如购物情境、交通情境、家庭情境、作坊情境等。创设这类情境时,通常借助角色扮演的手段。

4.电子类情境

电子类情境是指可以利用互联网、多媒体等设备进行教学的情境,如"翻转课堂"、"慕课"、视频、音频、动画等。

5.学生主观类情境

学生主观类情境是抽象的情境,是指教师借助学生已有的生活经验、生活背景、文化环境等在学生现有的知识水平上对学生加以引导,使学生对情境充分理解。学生主观类情境包括体验性情境、历史性情境、文化情境、社会情境等。

6.英语语境和意境

第一,英语语境。

语言是在语境中产生的,也是在语境中运用的。克莱姆士将语境划分为五种类型,即语言语境、情景语境、交流语境、文化语境、互文语境。英语教学应把语境纳入整个教学过程之中。[①]语境不是学习的目的,而是学习的手段,在语境中学习英语,能促进学生语言交际能力的发展。

第二,英语意境。

意境,即学习者将客观知识与主观思想融合的产物。[②]它属于美学思想的范畴。我国古代的语言讲究"意境"。将"意境"学说融入英语教学中,在促使学生在掌握知识的同时,帮助学生形成正确的价值观,培养高尚的审美情趣。

二、"情境"式教学的理论基础

(一)建构主义理论

建构主义课程理论产生于二十世纪中后期的西方心理学。主要代表人物有皮亚杰、科尔伯格、维果斯基等人。

建构主义把"情境""协作""会话""意义建构"当做是学习环境中必需的四大要素。其中,"情境"是四大要素之首。建构主义认为知识是学习者在一定的情境中,借助别人的帮助,利用必要的学习资源,以意义建构的方式获取的。学习是在一定的情境中,通过人际的相互协作实现的意义建构,让学习者完成对已学知识的意义建构,就要让学习者到真实环境中去感悟、去体验,而不是只聆听别人对这种经验的介绍。[③]

意义建构,即客观实景与主体的主观情境在特定场合中相互碰撞、融合,从而建构起一个真实的背景,让学生在真实事件中发现真实问题,真实问题一旦确定,整个教学内容和教学过程也就确定了主题。[④]学习环境中的情境必须能帮助学生

---

① 路景菊.大学英语情境教学研究[M].长春:吉林大学出版社,2007:81.

② 周芸."3境结合式"情境教学法在高中英语中的运用[J].改革与开放,2017(12):85-87.

③ 高有华.国际课程专家的课程视野[M].芜湖:安徽师范大学出版社,2012:107.

④ 张忠华.现代大学教学方法论[M].哈尔滨:黑龙江人民出版社,2009:68.

对所学内容完成意义建构。因此，在建构主义的学习环境下，教学设计既要考虑教学目标，又要考虑有利于意义建构的情境的创设，而且情境创设是教学设计的最重要内容之一。[①]

知识是在社会文化背景下通过意义建构的方式而获得；学习是在一定的情境下通过人际的协作活动、学习者到真实环境中去感受和体验而完成的。"情境"式教学法中提出，既要提供客观性的实景又要创设主体性的经验性背景，使学生在两种情境作用下学习英语，角色分配、合作体验、会话交际，众多的情境类型，等等，这些都是来源于建构主义。

（二）情境认知理论

情境认知理论产生于二十世纪八十年代，是继行为主义"刺激—反应"学习理论与认知心理学的"信息加工"学习理论后，与建构主义大约同时出现的又一个重要的研究取向。

目前，情境认知理论主要有三种观点：寓身认知、情境嵌入认知、延展认知。

寓身认知观认为，认知能力不但与大脑有关，而且与身体有关，要依赖于身体并且用身体去体验。

情境嵌入认知观认为，认知活动发生在主体的身体与物质和社会环境之间动态的交互作用之中，并受到这种交互作用的影响。大部分情境认知学者都支持该观点，一般意义上的情境认知理论就是指情境嵌入认知观。

延展认知观认为，认知活动不但发生于大脑内部，而且延伸到情境中，情境因素成为心理的一部分。[②]

情境认知理论的核心概念是"实践场"和"实践共同体"。

"实践场"是指为了达到一种学习目标而设置、创设的功能性学习情境和环境。实践场的创设是为了给学习者提供达到学习目标的背景与支撑，以促进学习迁移的产生。

"实践共同体"指在实践场中学习个体与共同体群体之间在学习实践活动中的合作、交流与促进。

在英语情境教学中，教师创设的教学情境就是适合英语学习的"实践场"，而

---

① 高有华.国际课程专家的课程视野[M].芜湖：安徽师范大学出版社，2012：105.

② 刘革，吴庆麟.情境认知理论的三大流派及争论[J].上海教育科研，2012（1）：37-41.

英语情境教学中的"合作学习"就是情境认知和学习理论所指的"实践共同体"。[①]

"情境"式教学法的体验性特征强调人的亲身经历,强调人对过程以及结果的一种感受。主观类情境,英语语境、英语意境等,都是"实践共同体"在"实践场"内共同作用发生的。这些都来源于情境认知理论的精髓。

(三)英语多模态理论

多模态理论产生于二十世纪九十年代。多模态是指语言、图像、声音和动作等用以交际和意义构建的符号资源,[②]通过整合、编排或编织,从而形成一个语篇。多模态里的"多",有三层含义:既包括作为交流主体的人所拥有的多种感知渠道,又包括交流所需的物质媒介和技术媒体,还包括通过这些渠道和媒介产生的语言、图像、声音和动作等多种符号资源。[③]然而,在实际的交往中,我们大都侧重于文字语言的表达,忽略了利用图像、动作、声音等这些符号语言传递信息,实际上,将这些模态结合起来,在特定的语境中使用,比单一的语言文字表达更为深入、透彻。

将多模态教学理论应用于英语教学中,能将学生的多种感官全部充分调动起来,促使学生参加学习活动,能够刺激学生在记忆的同时产生丰富的联想,从而达到最佳的记忆效果。多模态教学主张教师依据教学内容、教学环境、教学目标等选择一种或几种适合学生学习的教学方式或方法,并将此方法应用于特定的语境教学中以引起学生的感官体验,提高学生的学习效果。例如,教师在多模态教学中可以将图片、音乐、动作等多种模态联合起来为学生创设真实的情境,通过视觉、听觉和感觉的联动使学生产生真实的学习体验,促使学生对英语语境的充分理解与接受。

多模态理论主张将语言、图像、声音以及动作等元素融合,为学生创设真实的情境,在真实的情境中调动学生的视觉、听觉和感觉。"情境"式情境教学法中提出的自然情境、课堂情境、场阈情境以及电子类情境都源于多模态理论。

---

① 路景菊.大学英语情境教学研究[M].长春:吉林大学出版社,2007:36.

② 范玲.多模态理论视角下大学英语教学的改革[J].教育探索,2013(7):71-72.

③ 姜毓锋.基于多模态话语理论的外语教学模式构建[M].北京:北京理工大学出版社,2015:62.

三、"情境"式教学的实施策略

（一）提供或创设多类型情境，实施英语教学

情境的创设在教学心理上是激发学生积极学习的情意因素，它应该贯穿于教学过程的始终，由师生共同完成。英语教师在教学中适当地创设情境，往往能使课堂气氛显得活跃，学生思维之门为之洞开，对课文的理解更为深入，同时使课堂教学与日常生活联系得更为紧密，从而达到更好的教学效果。

创设情境的手段有很多。"情境"式教学法提倡用自然情境、教学实景、电子类情境、主观情境、英语语境和意境等多种方式为学生创设情境。

1.利用课堂情境创设情境

为达到既定的教学目标，教师在充分理解教学内容的基础上，可以利用课堂中的真实情境为学生创设情境，将课堂实景进行扩展，启发学生的思维，引导学生将课堂学习的知识及时转化利用，在活动中发展学生的英语学习能力、培养学生的英语学习兴趣。

例如，在实际的学习生活中，部分学生的文具盒或课本上会贴着课程表，这张课程表通常都是用中文来写的。教师拿着手中的课程表向同学们提问，学生能很容易理解并回答："课程表！"教师继续追问："我们都知道'English'是英语课，那其他课呢？你们能不能说说？"教师用幻灯片呈现连线题。在教师创设的情境下，学生的学习兴趣被激发出来了，学生争先恐后地回答，教师借此机会教授单词读音。连线完成后，教师继续给学生布置小任务，动手用英语填写课程表，此刻学生在动手的同时巩固了刚才所学的单词。

2.利用"互联网＋"创设情境

二十一世纪是"互联网＋"的时代，"互联网＋"已渗透到生活的方方面面，"互联网＋"时代背景下应运而生的"慕课""翻转课堂"等教学模式也以其独特的教学方式进入人们的视野。

"翻转课堂"是传统课堂的延伸，将学习的决定权从教师转移到了学生，以学

生的自主探究和协作探究活动为主,以此培养学生的自学能力、探究能力和创造能力。"翻转课堂"能丰富教学内容、扩大知识量、拓宽学生视野,还对学生综合素质的培养具有显著作用。同时,"翻转课堂"关注学生整个学习过程,关注学生个体的全面发展。[①]

教师在利用"翻转课堂"的教学模式下,充分发挥互联网的功能,不但节省了课堂教学的时间,而且新颖的课后学习形式在锻炼学生英语写作能力的同时大大提高了学生的学习热情,拓宽了学生学习的视野。

3.利用生活情境创设情境

教师在课堂上将生活中常见的场景以角色扮演的形式为学生创设情境。角色扮演教学尤其适用于中小学课堂教学。教师利用角色扮演进行情境教学,学生比传统课堂中更愿意表达思想和情感,还能缩短训练内容与现实生活的距离,[②]满足学生的实际需要。

教师可利用角色扮演的方式展现生活中常见的购物场景,教师利用此场景让学生练习句型。起初,教师扮演顾客,找一名学生扮演售货员,拿出课前让学生准备好的实物及纸币学具做示范。

教师利用生活情境学生创设情境,以角色扮演的形式呈现给学生,让学生感受角色的内心变化,在练习句型的同时能帮助学生学会换位思考。

4.在情境中创设语境

在情境教学的过程中,教师应走出情境只为操练句型的围栏。"交际性"是语言特有的属性,在情境中积极为学生创设适当的语境,能促使学生在语境中操练句型的同时发展他们的语言交际能力。

例如,学生在教师所创设的语境的引导下,为"六一"儿童节的活动做准备,激烈讨论着各自的想法。这充分调动了学生的学习热情,在操练句型的同时锻炼了他们的语言交际能力。

5.在情境中创设意境

将我国古代文艺理论中的"意境"学说融入英语教学中,学生在教师的引导下

---

① 陈晓丽.高校英语慕课与翻转课堂教学模式研究[M].成都:电子科技大学出版社,2017:61.

② 蔡敏."角色扮演式教学"的原理与评价[J].教育科学,2004(6):28-31.

进入一个特定情感氛围中,这个氛围就是教师创设的"意境"。在这个"意境"中,教师对学生可以进行情感教育,引导学生珍惜时光、珍惜亲情。

6.利用情感体验创设情境

教师利用学生生活中真实的情感体验创设一定的体验情境,激发学生的真实情感,从而帮助学生理解教材,使学生的心理机能得到更好的发展。例如,在生日的背景下穿插母亲节的片段,引导学生在庆祝生日的时候要牢记感恩母亲。学生在教师的引导下产生情感共鸣,教师实现了本单元的情感教学目标,学生更好地理解了教材的用意。

(二)开展专题培训,提高对情境教学的认知水平

各类型的学校,特别是市 / 区的普通小学和乡镇小学,都应该积极组织开展情境教学法相关的专题培训、专题研讨会、专题讲座以及专题教学观摩活动等,通过这些专题活动让各位英语教师在掌握情境教学法的操作程序、操作方式、操作要义的同时,能够认识到情境教学法的重要性,以此强化情境教学法在英语教学法中的重要地位。

学校应定期派英语教师到一些母语为英语的国家进修学习,感受母语式英语教学方式,帮助各位英语教师学习国外优秀的教学方法、教学思想,开拓教学思路。

学校还应定期开展情境教学法专题讲座,邀请知名英语教学专家向各位英语教师普及英语情境教学法,帮助英语教师提高英语教学专业素养。

学校还应组织各位英语教师积极参加情境教学观摩活动,在观摩教学中吸取教学经验和教学技巧。

除此之外,学校还应组织情境教学法的专题研讨活动,让各位英语教师在研讨中互相讨论、共同提高对情境教学的认知水平。

(三)增加乡镇学校经费,拓展情境教学资源

在城乡英语教育资源分配的问题上,着力点有四个。

1.经费投入保障

《国家中长期教育改革和发展规划纲要(2010—2020年)》中明确提出,各级政府要优化财政支出结构,统筹各项收入,把教育作为财政支出重点领域予以优先保障;同时,进一步加大农村、边远贫困地区、民族地区教育投入。中央财政通过加大转移支付,支持农村欠发达地区和民族地区教育事业发展,加强关键领域和薄弱环节,解决突出问题。

各级政府应积极响应,保障农村、偏远、贫困等地区投入足够的经费,从而落实政策。

2.设施设备建设

为乡镇学校普及英语教学设备的建设,如现代化语音教室、多媒体教室等,丰富教师的教学资源。

3.教师资源配备

一般认为,乡镇学校的师资力量远远低于城市地区的师资力量。乡镇学校的英语教师有相当一部分是非英语专业毕业的教师,这些教师本身的英语素养不高。还有一部分教师即使是英语师范专业毕业的,但学历只有中专或大专的水平。增加乡镇学校教师资源的配备,应在增加教师数量的同时,关注教师的质量。

如加强乡镇英语师资队伍建设,对中小学英语教师进行英语课程培训,以便使他们有机会更新知识,提高文化水平和专业素养。制订相关的政策,吸引优秀的英语专业的毕业生到乡镇学校工作。

4.社区资源共享

各级政府还应为乡镇学校增加文化教育资源,如建设社区图书馆、文化宫、科技馆以及学习中心等,平衡城乡教育资源分配,促进社区教育资源共享。

第八章　初中英语生态课程模式实施策略

课程模式是按照一定的教育思想和课程理论,对课程的目标、内容、结构、实施程序以及评价做出简要概括,为教学实践提供一种可操作的范型。

初中英语生态课程模式可以将教育生态学理论更好地落实到具体的教学实践中,有效地改善教学。

一、初中英语生态课程模式的理论基础

任何一种课程模式都有一定的课程理念和教育理念。课程理念和教育理念是课程模式的核心,对课程模式的建构起着主导作用,同时支配着课程模式的构成要素。

(一)生态教育学原理

生态教育学的研究揭示了教育系统的生态规律和基本原理,不但反映了教育内部各环节之间的必然联系,而且反映了教育各个系统与外部生态环境之间的必然联系。生态教育学原理对探索初中英语生态课程模式的实施环节及实施策略具有重要的指导意义。

生态教育学原理主要有花盆效应、限制因子定律、生态位原理、耐度定律和最适度原则、整体关联规律、动态平衡规律、协同进化规律、教育节律等。其中,花盆效应、限制因子定律、生态位原理、耐度定律和最适度原则是微观的教育规律,对教学系统的分析有重要的指导作用;整体关联规律、动态平衡规律、协同进化规律、教育节律是教育系统的宏观规律。

（二）语言习得理论

克拉申认为,习得的效果比学得好,习得过程是自然的、生动的、真实的、容易记忆的、无须课堂的、学而能用的。

习得是在自然语言环境中有意义交流的结果,说话者注重的是把意思表达清楚,并不在意语法是否正确,也不去特意地纠正说话时所犯的语法错误。

学得则是在教师的引导下学生在课堂上所进行的正式的、有意识的活动,所以学得重视学习者在语言学习过程中语言形式的掌握,不仅强调用所学的规则去运用语言,还强调学习者及时发现错误并纠正错误。[①]

学习者学习语言活动和接受训练的过程就是习得和学得的过程。英语教师在教学过程中不可一味奉行先知后行的原则,而应当依照"边学边用"的原则。学生在学习英语时要善于习得,达到脱口而出的水平,加上教师的指导性活动和有意识的主动学习,才能在语言学习中做到既能理解规则又能使用规则,真正提高英语语言的综合能力。

对于大部分初中生来说,习得的形成之所以非常困难,是因为缺失真实的语言环境,追根究底,就是语言和实践脱节,学生过度依赖于学得而忽略了习得,也就是说忽视了语言的交际性。

从英语教学实践中可以得知,仅靠学得如同隔靴搔痒,无法达到学以致用的目的,与语言认知规律相悖。因为学得无异于棋手一直学习下棋的规则而不去与人对决,这样既学不好规则又不会用规则,导致耗时低效,如同纸上谈兵。

因此,在中学的起始阶段,应该学得和习得并重,为学生提供互动机会,引导学生从学得出发,在活动中向习得转化。随着学生英语水平的提高、学习的目的性和自觉性的提高,学得和习得的地位会发生变化,学得可以向习得转化。从教育效益和教学效果来说,学得与习得相互融合、共存互补,是最佳的选择。

（三）建构主义课程理论

在建构主义看来,课程应该是开放的系统,教师和学生成为课程的主体,是不断生成的动态过程。建构主义课程的终极目标是促进意义的生成和个体的发

---

① 蒋祖康.第二习得语言研究[M].北京:外语教学与研究出版社,1999:42.

展。①课程是具体存在的活生生的经验,个体是知识文化的创造者,不是接受者。

建构主义课程理论的主要观点如下:

第一,以学生为中心,鼓励学生主动探索,主动发现,主动建构所学知识,发挥首创精神,将知识外化,实现自我反馈。

第二,强调"情境"对意义建构的重要作用。在实际情境下,引导学生运用已知的相关经验去同化新学到的知识,并通过联系、想象等方法赋予新知识一定的意义。

第三,强调"合作学习"对意义建构的重要作用。学生在合作型的学习环境中学习,会产生强烈的动机合力,学生积极参与共同讨论,进行交流,能够发现他们在思想上的冲突并做出反应。学生合作学习时思维与思维碰撞出的智慧被整个群体共享,从而共同完成对新知的意义建构。

第四,强调对学生学习环境的设计,而不是教师教学环境的设计。学习环境包括文字材料、图书、音像资料、多媒体课件以及网络信息。学生的学习应该被促进与支持,而不是被控制与支配。

第五,强调利用各种信息资源来支持学生的"学",而不是支持教师的"教"。

第六,强调学生学习过程的最终目的是完成新知识的意义建构,而不是教师教学目标的达成度。教学设计往往不是从分析教学目标着手,而是着眼于如何创设有利于学生意义建构的情境。整个教学过程以"意义建构"为中心进行设计。

二、初中英语生态课程模式建构的价值取向

初中英语课程要解决生态失衡现象,走出生态价值理念的缺失,就必须还原课程的生态性。生态教育学以其独特的内涵为重构初中英语课程模式的价值取向指明了方向。

(一)促进学生生命成长

教育过程首先是一个精神成长过程,然后才成为科学获知过程的一部分。②所以英语课程改革的最终目的要落实到对人的发展价值,要真正关心英语教学过

---

① 靳玉乐,黄清.课程研究方法论[M].重庆:西南师范大学出版社,2003:3.

② 雅斯贝尔斯.什么是教育[M].邹进,译.北京:生活·读书·新知三联书店,1991:30.

程中学生的成长问题,促进学生生命的自主成长。学生的自我发展不是依附于英语知识与技能的教学,而是在教学活动中孕育、渗透和养成的。如果学生只是被动地接受教师所给予的东西,或者机械地模仿并死背教师灌输的东西,往往无法唤起积极的探究精神和学习兴趣。因为学生作为生命主体,并非完全的受动者,而是具有自主成长的一面,这种自主性本身也是不断成长的,是学生能否最终成长为独立个体的最终保证。

那么如何使英语教学真正促进学生主动、健康成长?要从生态的视角进行思考,需要联系学生生命成长的状态进行课程实践,既要从生命成长过程整体审视初中生的成长使命,又要从生命成长中整体审视英语学科教学对其特殊的价值与意义,更要从生命与课程实施的真实动态关系整体把脉教学的起点与最近发展区。在教学中要注意避免学生对教师的依赖,或是要避免教师对学生自主性的压抑,否则,即使在有限的初中教育阶段中,学生完成了学习任务,甚至是英语成绩优秀,但并不能说明他或她具备了自我发展的能力。从这个意义讲,英语教学要实现转化生命的作用,就要从简单思维走向复杂思维,从封闭的教学系统走向开放的教学系统,为学生及学生群体的自我发展提供相互促进的空间。只有这样才能保证学生生命成长所必需的交流、改造与相互生成,生命的新质才能形成,教学才能随着生命新质的变化而成为生命进一步成长的养料。

(二)注重学生的优良品行

美国的生态课程理论家奥尔认为,中学阶段的学生处于从儿童到成人的过渡期,是培养学生优良品行的最好阶段。英语生态课程同样如此,我国目前英语教育的"两极化"倾向比较严重,在培养目标上表现为指向单一的认知领域,不能满足学生的生活需要,不利于学生优良品行的形成。学生优良品行既包括良好的道德品质又包括良好的学习品质,促其形成的内动力源自自我筹划与反思。因此,课程实施不能只从外部寻找成长动力,主要应在于激发学生生命成长的自主性。学生的可塑性说明学生生命成长需要另一个、一些或更多生命的参与。这样,教学中教师与学生的关系不能简单地理解为"人"和"物"的关系,而应当是"人"与"人"的生命沟通关系。在这种关系中,生命的成长并不是单向展开的,不是以牺牲教师的生命来换取更多学生的生命成长,而是师生生命的双向共同成长:学生从教师那里获得启示,感受友爱与关怀,体验喜悦与忧伤,锻炼自己的意志,与此同时,教师通过学生成长过程中的变化与进步,体验自身价值感与使命感,获得进一步发展的动力。而且这种和谐、开放的教学环境能够促成学生的主动参与,生成学生对学习任务的探究方式、思考方式,生成学生的独立学习能力与合作能力,生成学生对自我的积极评价,生成学生倾听他人、尊重他人并且清晰表达自己的能力,也生成学生的思维美、品德美、情感美、意志美和创造美的素养。

英语学习过程本身就是学生坚持不懈的毅力的形成过程。与其他学科相比,英语课程所占的时间较长,如果从小学到大学计算,大约需要十年时间,如果英语在初中阶段没有养成良好的品质,则对以后若干年的学习成效形成障碍。因此,在初中英语课程的实施中,教师力争培养学生的意志、毅力、兴趣、自信心、合作精神、创造性等优良品质,对学生的持续健康发展至关重要。

(三)初中英语课程的工具性和人文性并重

首次提出义务教育阶段的英语课程具有工具性和人文性双重性质的,是教育部2011年公布的《义务教育英语课程标准》。该课程标准凸显英语课程的人文性,注重培养学生的人文素养和人文精神。提倡工具性和人文性的统一,进而为学生终生发展、全面发展奠定基础,是英语课程改革的一次重要突破,[①]同时使得广大英语教师对英语课程价值观的认识更加完善。

因此,初中英语课程目标就有了双重目标:工具性目标,指的是英语基础知识和英语基本技能;人文性目标,指的是情感目标和文化意识,包括心智、品德、情感、态度与价值观等内涵。

工具性是英语课程的外在意义,是课程的"形体";人文性是英语课程的人文意义,是课程的"灵魂"。在英语实践活动中学习知识、培养语言能力、熏陶思想感情、发展个性、塑造人格以及实现自我成长,是英语课程工具性和人文性的有机融合。

三、初中英语生态课程模式建构的基本理念

(一)注重综合素质教育

所谓素质,就是人在先天禀赋的基础上,通过教育和环境的影响形成的适合

---

① 陈琳.通过英语教育为学生的终身发展和全面发展奠基[J].基础教育课程,2011(8):9-11.

社会生存和发展的比较稳定的基本品质。[①]

综合素质则是指人的身心特点及外部行为和内心涵养的总称。初中生综合素质的培养包括精神、道德、社会和文化四个方面的发展，还包括交流、写作、自我协商、解决问题、创新思维、搜集信息六种能力的形成。[②]

素质教育就是以提高人的综合素质为根本目的的教育，促进学生全面发展。培养综合素质是新课程标准的重要内容，也是衡量教育是否成功的关键。英语综合素质教育以培养学生综合运用英语的能力为根本目的，同时关注学生在学习过程中思想道德品质和文化意识的形成。

因此，在英语课程的实施过程中，要注重学生的综合素质教育，在教给学生英语基础知识和基本技能的同时，关注学生思维的发展，关注学生学习过程中的合作、交流、方法与创新，注重学生的情感态度以及价值观的形成，重视学生道德品质与习惯的养成，鼓励学生不断努力与进步。

（二）突出学生主体地位

主体性作为人的一种特性，是主体与客体相互作用而表现出来的能动性，它集中体现为人的自主性、主动性和创造性。充分发挥学生的主体性是教育的根本目的。[③]

学生主体性的充分发挥，依赖于突出学生的主体地位。英语教学过程尤其要突出学生的主体地位，这样学生才能够敢说、敢问，乐于用英语交流，从而避免哑巴英语的出现。

英语语言教育具有复杂性。每个学生都是独特的生命个体，只有通过自身的感受、体验、需要，才能高效地学习英语。同时，英语课程的人文性要求突出学生的主体地位，人文性的实现需要尊重学生，尊重学生就要把学生看做是学习的主人，看做是教学的主体，要促进学生的不断进步和自我实现。

学生唯有成为英语课程实施的主体，教师才能发挥学生在课程实施中的能动性，学生才能在与课程的对话中，不断反思，不断创新，实现着生命的成长。

①　陈学法.个性培养与素质教育[J].教育研究,1998(3):40-44.

②　潘显华.初中生综合素质发展水平评价体系的构建[J].黑龙江教育学院学报,2002(1):52-53.

③　陈瑞宝.论学生主体地位及其现实意义[J].福建师范大学学报,2004(3):79-82.

(三)体现生态课程特点

生态课程理论是借助生态思维来思考课程问题而发展起来的新的课程理论。生态课程的特点主要是课程的整体性、开放性、丰富性、发展性。

整体性体现在教学与学生的相互作用、知识与内容的相互联系以及语言与文化的相互融合。英语课程实施的整体观应着力探究三维目标的整合性、知识技能的综合性、语篇教学的整体性、语言文化的融合性。

开放性体现在为学生创造开放的教学环境和真实的语言环境,开放教学结构,激活学生思维。

丰富性体现在课程资源的不断生成。课程资源包括课程、教材、教辅、多媒体资源、文化、学生的体验以及教师对课程的开发等。

发展性体现在课程实施的动态生成性,重视教师、学生和文本的交互作用,进一步促进学生的生命成长,促进学生的可持续性发展。

(四)强调课程实施的互动过程

新课程理念强调课程实施过程中课程主体之间的互动作用,重视学生学习的过程与方法,强调学生的合作学习,重视师生之间平等对话等。

课程的主体包括教师和学生,教师和学生可以结合成不同的形式,如师生互动、生生互动、小组互动等。教室是社会的雏形,因此这种互动是一种特殊的社会互动,学生群体正是在师生以及生生的交流互动中共同发展。从生态学视角来看,师生、生生的沟通、合作与交往,是学生群体经验的对话,这种对话能对学习任务和他人产生积极的情感,形成更好的人际关系。同时,这种对话是教学生态中情感信息的交换、学习热情的传染、语言知识的传递、思维火花的碰撞、学习经验的共享,这种师生、生生的互动促进了课程生态系统的和谐发展,对学生的发展产生持续影响。

四、初中英语生态课程模式的程序

培养目标是初中英语生态课程模式的核心之一。英语生态课程模式的各个构成要素和环节的设计,都要围绕培养目标来进行。因此,初中英语生态课程模式建构的首要任务,就是要确立课程的目标。

(一)初中英语生态课程的三维目标

生态整体性的核心思想是"整体不等于各个部分之和"。整体与部分相互联系、相互作用,共同构成一个内部联系密切、具有相对一致性,外部具有独特性的整体,强调整体、和谐、协同的思想。

课程的实施是教学主体之间的相互作用,是知识与内容之间的相互联系,也是语言与文化之间的相互融合。英语课程目标兼具人文性和工具性的双重目标,所以,英语课程是一个具有知识与技能、过程与方法、情感态度与价值观三重目标的体系,其形态是上、中、下三个层面的架构:知识与技能层面是下位概念,过程与方法是中位的概念,情感态度与价值观是最高层面的目标,其实质是三位一体,不能割裂,各部位之间相互依存、相互转化,共同发挥作用。这个三维目标指向完整的人和人的生命活动,体现了生态系统的整体性和关联性,反映了生态哲学的价值观。

依据知识和技能、过程与方法以及情感态度与价值观目标的三维目标结构体系,突出"抓中间、促两头"的思路,通过指导学习词汇和语法的方法、训练阅读策略、锻炼交际能力等过程与方法的中位目标,拉动词汇、语法知识的学习和听、说、读、写技能的行为目标,促进学生的情感态度与价值观的形成,充分发挥三维目标结构中的中位目标的核心和带动作用。与其他学科相比,英语学科有其自身的独特性,这个三维目标更重视过程与方法,重视语言要素和环境的相互作用,重视个体发展的情境性。

(二)初中英语生态课程的任务

课程任务是指课程实施主体——教师为了落实课程目标而要完成的课程实施内容或要求。课程任务的确定要依据英语课程标准以及学生的实际情况。

首先,要实施新的生态课程模式,体现英语课程的生态性,从而能够培养学生的综合英语素养及优良品行,促进学生的自我发展。

其次,要正确处理课堂教学与课外关系,为学生创造开放的英语生态环境,培养学生的学习自主性以及创新性思维。

再次,采用多元教学方法,创造生态课堂,综合训练英语的听说读写,培养学生综合运用英语的能力。

最后,实施多元化课程评价促进学生可持续性发展。

(三)设计初中英语生态课程的实施环节

1.英语热身活动

英语热身活动作为课堂教学的开放式导入阶段,起着承上启下的作用,复习旧知引出新知,一节课有一个好的开始,这节课就成功了一半。设计好每堂课的热身环节,能够刺激学生内在的学习动机、唤起学生的注意力、激发学生学习兴趣、创造轻松的学习氛围,并最终培养学生良好的学习习惯和学习能力。

热身活动要根据具体的学习内容或者是具体的课型进行设计。热身活动最好控制在5分钟左右,要尽可能地联系学生实际,贴近学生生活。热身活动的主要形式有以下几种:

第一,歌曲型热身活动。如圣诞快乐歌、颜色歌、月份歌、天气歌、星期歌等。

第二,游戏型热身活动。英语小游戏主要有猜一猜、教师说、听力传话、你读得够快吗、单词接龙、击鼓传话等。

第三,合作型热身活动。合作型热身主要指学生的对话表演和自由交际,教师布置任务让学生在课下小组合作完成。如表演、听力训练、五分钟的相互问答、自由交际等。

第四,感官刺激型热身活动。用多媒体、播放小视频或图片进行感官刺激,学生容易对要学的内容感兴趣,从而能够顺利导入新知。

2.英语情境呈现

情境的创设为学生主动建构新知创造了有利条件,不仅可以拓宽教学空间、创造真实语言环境,还可以增强师生之间的情感交流,强化参与意识。[1]情境创设在整个学习过程中起着激发、推动和强化学生认知活动、情感活动和实践活动的作用。[2]

英语情境呈现的主要方法如下:

---

[1] 阎清景.情境教学法对外语课堂教学的影响[J].河南教育学院学报(哲学社会科学版),2001(1):144-145.

[2] 耿莉莉,吴俊.深化对情境的认识,改进化学情境教学[J].课程·教材·教法,2004(3):73.

第一，图画呈现法。教师根据教学内容提供相应的图画，也可以让学生提前准备好，从而提供学习新知所需要的场景，让学生进行操练。

第二，多媒体呈现法。对于一些难以展示的内容或是较难理解的内容，可以利用多媒体，呈现生动的、易于理解的图画或动画视频，为学生创造易于交际的语言环境。

第三，实物呈现法。教室里学生的学习用品、课本或一些方便携带的实物，都可以用来结合教学内容进行创设情境。

第四，动作表演呈现法。英语教学过程中，有许多知识是可以通过动作来表演的。教师可以自己表演，也可以让学生表演。

3.英语互动教学

英语互动教学可以充分发挥学生的主体性，提高学生自主学习能力，培养学生积极的情感态度。[①]英语互动教学是初中英语课程实施过程中的中心环节。

互动教学包含了三个方面的互动，即教师与学生之间的情感沟通、学生与学生之间的合作交流、师生和文本之间的对话。

第一，教师与学生之间的情感沟通。

情感是课堂教学中学习活动的助推器，平等对待每一位学生是师生情感沟通的首要条件。教师要真心接纳每个学生，关注每一个学生的精神状态。尊重，意味着认同学生的个体差异，这样学生才愿意与教师进行情感交流。

第二，学生与学生之间的合作交流。

依据教育生态位原理，学生处于同一生态位，他们既需要合作，又存在竞争。在英语课堂教学中常见的生生互动是小组活动。如英语课堂教学中的对话表演、小组调查、小组听写等。这种合作学习的共同体很好地解决了合作与竞争的问题。在小组活动中，组内之间学生相互合作，组与组之间又相互竞争，既增加了学生的合作意识，又增强了学生的竞争意识，极大地激发了学生的学习兴趣。

第三，师生与文本之间的对话。

教师、学生和文本是构成英语课程的基本要素。文本包含了显性英语课程和隐性英语课程。

显性的英语课程是指课堂教学中使用的教材以及教辅书，包括学生用书和教

---

① 花茂荣.初中英语互动教学模式探讨[D].南京:南京师范大学,2014:9.

师用书以及与教科书相配套的教辅用书等,是课程专家以及教研员专门开发与编制的课程。

隐性的英语课程是指师生共同开发与利用的教学资源。如课堂教学中对师生对教材的创新使用,或者是班级文化及校园文化的建设,或者是教学环境等。

文本的丰富性为对话提供了自由的天空。教师通过对话有意识地引导学生思维和情感发展。学生通过对话理解文本的背景、风格与内涵,走进文本的精神世界。

4.英语合作拓展

根据教育生态位原理,英语教学中的合作学习可以拓宽学生的生态位,为学生提供了合作交流的时间和机会。学生之间可以取长补短,共同取得进步。

学生合作拓展方式主要有以下几种:

第一,小组合作。

根据班级人数将学生分成8~10个小组,最好保证小组间学生同质,这样便于小组之间开展竞争。选优秀的学生当组长。考虑到班里经常换座位,分成两类小组:一类是同组异质的学习小组;另一类小组是按座位分的,学生相互靠近,便于开展小组调查、小组讨论或对话表演等。

第二,英语实践。

一些英语语言的实践活动需要学生合作进行,两两一组、三人一组或四人一组等。学生自由组合,如进行对话表演、汇报调查结果等。语言实践活动要精心设计,确保能训练所学新知,又能促进学生英语综合能力的发展。

第三,设计问题。

小组合作学习经常讨论一些问题。这些问题的设计,要能够激发学生的兴趣,要具有开放性,要有利于培养学生的创新思维。另外,所提的问题,要确保难度适宜:太简单,会导致学习深度不够;太难,会削弱学生的积极性。

第四,贴近学生生活。

在设计小组活动时,要考虑贴近学生生活。课程内容回归生活,是对人的回归,是对生命的呼唤。生命以生活为载体,关注课程内容的生命态,必须贯彻生活化原则,引导学生改善生活,提高生活质量,过美好的生活。

英语课程内容要以生活为本原,要以生活改造课程,使之生活化。

5.英语课外延伸

英语课程的顺利实施不能仅限于课堂教学,而应该向课外延伸。在目前初中英语教学任务重、课时少的情况下,课外延伸显得尤为重要。

课外延伸的形式多种多样,主要有以下几种:

第一,开展英语竞赛;

第二,举办英语角;

第三,英语文化月;

第四,网上模音。

初中英语生态课程的实施环节,简洁的表述就是:热身活动—情景呈现—互动教学—合作拓展—课外延伸。其中互动教学是渗透在每一个环节当中的,需要贯穿整个教学过程。

五、初中英语生态课程的实施策略

教育生态学原理深刻揭示了教育内部的规律。与教学密切相关的原理主要是限制因子定律、花盆效应原理、教育生态位原理、耐度定律和最适度原则。借助教育生态学原理可以探索初中英语生态课程模式的实施策略。

(一)限制因子转化策略

1.限制因子定律

1965年,赖特首次提出限制因子的概念:当生态因素缺乏时,或在低于临界线,或超过最大忍受度的情况下,就会起限制因子的作用。[1]

教育生态学中的限制因子定律主要来自李比希的最小量定律。李比希在研究植物生长所需的营养元素时发现,当某一营养物质的供给低于植物生长所需要的最小需求量时,该营养物质就成为限制植物生长的主要物质。[2]在教育生态系统内,限制因子是客观存在的,所有的生态因子都有可能发展成限制因子。[3]生态

---

[1] 曲莉娜.教育生态学视角下初中英语课堂管理研究[D].烟台:鲁东大学,2013:13.

[2] 赵立功.教育生态学原理观照下的体育课堂教学[J].教学与管理,2013(3):152-154.

[3] 吴鼎福,诸文蔚.教育生态学[M].南京:江苏教育出版社,2000:158-159.

因子在一定情况下会发生变化,有时是限制因子,有时是非限制因子。限制因子的限制作用取决于对生态因子适当处理,处理不当容易对事物的发展起限制效果。限制因子较多的教育过程会直接导致学生逐渐疏远周围的自然界,也使得学生之间渐渐变得孤立。在英语课程的实施过程中,某个因子所起的作用与教学实际不符,违背英语教学原则,那么这个因子就可能成为限制因子,从而影响英语课堂教学效果。

2.限制因子转化策略

在英语教学中,教师要及时了解学生生态下的限制因子,寻求解决问题的办法,力争消除限制因子或是将限制因子转换为非限制因子,充分发掘学生的潜力,切实的激发学生的综合能力。

第一,语音教学的系统性。

要在七年级有计划地进行音标教学。先集中学习音标,然后再将元音与辅音任意搭配进行拼读练习。等学过一轮之后,再对音标进行分类学习。如辅音分为爆破音、摩擦音、鼻音等,元音分为前元音、双元音、后元音等,这样按分类再学一遍,学习时仍然将辅音与元音连起来构成音节进行练习,学生不但对语音知识进行了复习巩固,而且拼读能力得到了进一步提升。最后,将音标分为元音和辅音两大类进行教学,辅音分为浊辅音和清辅音进行教学,为以后学生拼读名词复数和动词第三人称单数形式打下基础。系统地推进语音教学是培养学生拼读能力的关键,可以起到事半功倍的作用。

在词汇教学中渗透语音教学。学生在掌握音标的基础上,继续学习字母、因素以及单个字母的发音。教会学生将字母和音标联系起来,能够准确说出单词中每个字母的发音,并根据发音自己先试读单词,如果学生读对了,可以让学生领读单词,这样可以增加学生学习的信心。还可以在教词汇的时候运用类比法。这种类比法就是把相似的东西组合到一起,如这些单词是否有相同的尾音、音节、词根、前缀或后缀,这种学习方式比逐个拼读字母快得多,能够帮助学生迅速找出发音类似的单词,然后归纳形成词库,帮助学生扩充词汇量,这样学生学习新单词的速度可以突飞猛进。

第二,词汇教学的联系性。

记忆的基本规律是:如果能把自己已知的或记住的东西与新信息联系在一

起,就能记住任何东西。因此,联系是记忆的关键,在记忆的过程中建立起联系,这样就不必去死记硬背,而是靠概念之间的联系来记忆。如果运用联系的记忆方法将所学新单词进行联想记忆,使这些毫不相干的单词变成一种有意义的语言,这样不但使记忆变得容易,而且记忆量变大,保持时间长。联系记忆方法需要更加精心地设计,也就是说联系记忆法比死记硬背需要更多的脑力活动来参与。附加的联系为学生的脑力劳动提供了一个更加丰富的背景,并且联系过程也强化了认知活动,激发了学生的想象力。

第三,写作教学的创新性。

在英语写作方面,进行创意写作训练可以培养学生的创造性思维。教师根据所学内容设计一个简短的限时小练笔。这需要教师课前精心准备,目的是训练学生的想象力和创新思维,同时巩固所学知识。

学完了一个英语单元,可以布置一个任务,让学生在十分钟内写出自己的回家路线,不能用街道的名字,但可以用一些明显的标记类的东西来指示方向。完成后交给同桌或前后位,让同学们猜:哪是我的家? 最后,看谁的回家路线指南最有创意。

为了鼓励学生进行创新,可以在教室专门设一个创意写作栏,把学生的创意小练笔或是富于想象力的小故事展示在上面。总之,教师只要肯花心思在学生如何创新上下功夫,把学习的主动权还给学生,学生会经常带来意外的惊喜。

(二)改变花盆效应策略

1.花盆效应原理

花盆效应,生态学上又称为局部生境效应。花盆是一个半人工、半自然的"小环境"。[①]花盆里植物的生长空间受到很大的限制,在人为创造的环境下生长,生存能力减弱,根本经不起大自然的考验,很难适应大自然环境,是违背自然规律的。

在教育生态学中,教室就像一个花盆,学生受到各种人为的限制和影响,逐渐丧失了自主学习的能力。在英语教学中花盆效应尤其明显,学生接触英语的时间以及英语的输入量都无法和自然习得语言相比,教师无法给学生提供真实的语言情境,学生的交际能力发展受到一定的阻碍。

英语教学中存在花盆效应,主要是教师过于重视学生考试成绩,局限于语法

---

① 吴鼎福,诸文蔚.教育生态学[M].南京:江苏教育出版社,2000:158.

能力和语言能力,忽视了学生运用语言的交际能力,导致英语教学目的难以实现。

因此,在英语课堂教学中,教师不但要传授知识,还要尽量创造英语交际的环境,提供学生交流的平台,培养学生的学习兴趣以及优良的学习品质,正确利用花盆效应。

2.改变花盆效应方法

在教室这个"花盆"中,教师应该努力培养学生的交际能力,使学生在实用、真实的情境中有意义地学习语言的实际运用,灵活地使用英语。英语教学活动要以交际为中心进行开展,尽量创设情境再现交际过程,在交际过程中,教师不要频繁地纠正学生出现的语法错误。

英语教学遵循交际原则应注意以下两点:

第一,注重学生的自由交际。

语言学习的最终目的在于使用语言。因此,在教学过程中,教师要重视学生在用英语表达时意思的传递以及语言的选择,从而实现交际目的。传统的教学往往过度重视语言形式是否正确,对待学生的语法错误总是有错必究,导致学生害怕自己出错,不敢大胆地说,更不敢大声说,严重阻碍学生的自由交际。因此,要允许学生犯错,在运用新的语言知识时出错是难免的,教师要告诉学生,出错是学习过程中的必然现象,多给学生提供运用英语表达的机会,让学生在语言学习中不断地自行纠正错误,从而提高自己的交际能力。

第二,创造轻松自然、开放的学习环境。

运用多种形式进行交流,这些形式包括小组讨论、现场模拟、角色扮演、小组调查、电影配音等。通过大量的语言应用活动,来促进语言习得。

还可以把学习延伸到课堂之外,充分发挥学生的自主性,举行小组竞赛等活动,激发学生学习兴趣。如让学生课下准备话题演讲、用英语讲故事等,重视语言的语用功能,教、学、用有机地结合,做到扩充知识与培养能力并举。

(三)拓宽生态位策略

1.生态位原理

生态位概念最早由格林勒于1917年使用,是指一个物种在生态环境中的地位。[①]生物界中同一物种处在同一"生态位"上,它们既需要合作,又存在竞争。

学生作为教育生态的个体,他们在学校这个"生态系统"内是处于同一生态位上的,因此必然存在着合作与竞争。这就形成教育生态位。

教育生态位情况下的竞争具有积极的意义。教师如果处理得当,容易形成你追我赶的局面,人人有种不甘落后的精神,有利于促进整个学生群体的发展。另外,在英语教学中,学生的合作学习非常重要,学生之间可以相互取长补短,共同进步。

2.拓宽学生生态位策略

根据生态位原理,学生作为教育生态个体,积极参与课堂能够拓宽自己生态位的宽度,促进自己获得主体性发展。有效地参与课堂教学可以调动学生的积极性,挖掘学生的潜力。

从过程来讲,学生最大限度参与课堂,有课前、课中、课后三个阶段。

第一,课前阶段。

课前重视学生的预习以及知识准备。让学生分组讨论自己预习过程中不会的词汇、句型及难点。另外,要安排学生准备自己小组的"自由讨论"。这样能够保证学生在课中阶段的顺利参与。

第二,课中阶段。

课中阶段是学生参与课堂教学的核心阶段。首先,重视热身活动,引起学生注意,没有注意就没有学生的参与。其次,尽量以不同的教学方式展现教学内容,以激活学生参与的兴趣。再次,学生活动尽量多样化,如两人合作、全班合作、小组合作、个体活动等,以确保学生参与的效果和平衡度。最后,要及时反馈。教师多使用鼓励性语言,评定的方式以动态有效为基本要求。

第三,课后阶段。

课后是巩固课上知识的重要阶段,检查到位非常关键。为了训练学生自主学习的能力,可以安排学习小组在课下相互检查作业,相互听写等。可以利用网络资源,布置一些跟读或听力练习。还可以举办一些课外活动,给学生创造运用英语的平台,如开展英语角、英语表演、英语比赛等。

---

① 吴鼎福,诸文蔚.教育生态学[M].南京:江苏教育出版社,2000:171-172.

（四）耐度最适度策略

1.耐度定律和最适度原则

耐度是指生物体对生态因子的忍耐范围。生物体处在该范围之内，就能生存得很好，反之则不适宜生物生存。每一个生物体都有自身耐度的"低限"与"高限"，只要在"低限"与"高限"这一范围之内就是最适度，这被称为"最适度原则"。[①]

在英语课程系统中也是这样，每个生态个体都有自己的适应范围，如果超过这个范围就会产生消极影响。所以在教学中教师要遵守最适度原则。如在教学进度、作业布置、课堂容量、学生评价、班级规模等方面，如果把握不好尺度，无疑对教学效果产生消极影响。教师务必要深入了解学生，掌握他们耐度的"低限"与"高限"，从而帮他们制定最适合自己的目标，而不是一个标准、一刀切。

2.分层指导教学策略

分层指导教学体现了耐度定律和最适度原则，同时遵循了生态教育的个性化原则。每个学生的水平、接受能力、认知方式都有差异，教师应根据学生的不同表现，充分了解学生的问题所在，采取具体的措施。

分层指导教学要在以下几个方面着力：

第一，词汇分层。

词汇的掌握是学好英语的关键。对于基础好的学生，不但要求他们记会，还要求他们学会遣词造句，特别是对于成绩优异的孩子，可以要求他们利用词汇编故事。对于基础弱的学生，要求他们会读、会写即可。另外，对于词汇量上的要求也不要相同：成绩优异的学生要尽量拓展词汇，尽可能多学；基础弱的学生要至少掌握课本词汇的一半，不要因为学不会而失去信心。

第二，提问分层。

提问是教学过程中的主要交互形式。在课堂教学中，学生提问和教师提问都重要。与学生被动回答教师的提问相比，学生的主动提问涉及更高层次的认知，真正意义上的学习不仅在于学生回答教师或教科书上准备好的现成问题，还在于

教师不断引发学习者提问。[1]尤其是目前的英语课堂,学生对教师的检查或提问早已习以为常,导致学生几乎没有问题意识,因此在英语教学中培养学生的提问能力显得尤为重要。教师教会学生勤于思考、善于发问,是锻炼学生口头交流能力和创新思维的关键。

对于基础弱的学生,让他们回答简单的问题,或者要求他们能用英语提出问题就行。对于基础好的学生,需要给出一定的要求,让他们结合所学内容进行提问,要有自己的思考和看法。或者是要求他们小组进行表演对话,然后就自己表演的对话,提出问题,让同学们回答,这就需要学生有更高层次的理解和运用。

第三,作业分层。

作业是巩固所学新知识的必要一环。如果作业千篇一律,不利于促进每个学生进步,所以做到作业分层极其重要。对于基础较差的同学,让他们做一些力所能及的作业,如抄写单词、句子,简单的对话背诵,等等。对于中等的学生,要让他们在词汇、句子掌握的基础上做一些相应的练习。对于成绩优异的学生,要多布置一些引发他们思考的、灵活度较高的作业,如编写对话、表演、写作、复述等,训练他们的综合能力。

总之,分层指导教学要兼顾全体,让每一个学生都能有机会学到更多的新知识,让每个学生的潜能得到挖掘。

六、初中英语生态课程模式的发展性评价体系

发展性评价又称多元性评价,该评价重视人的主体性,是生态课程所倡导的,同时是新课程评价所追求的理想评价方式。

发展性课程评价强调课程生态的、人道的、精神价值的取向,充分体现了课程评价的时代精神,同时意味着教育范式的转变。[2]

(一)发展性评价的三大转变

发展性评价的目的在于促进学生的发展,要求实现三个方面的大转变——评价功能的转变、评价重心的转变、评价维度的转变。

① 林素容.基于学生提问探究式的高级英语教学策略探微[J].湖北经济学院学报,2013(2):204-206.

② 汪霞.从生态后现代主义的视角理解课程[J].教育理论与探索,2004(10):41-45.

评价功能的转变由单纯评价学生语言知识体系、语言技能的掌握转向关注学生情感、态度、价值观、创新思维以及优良品质等综合发展,表现为评价为促进学生可持续发展服务。

评价重心的转变表现为由重结果转向重过程。

评价维度的转变表现为由单向性评价向多维度评价转换,也就是说评价的对象由仅以学生为评价对象向多元化发展。

发展性评价就是重视教师、学生和文本在评价过程中的相互作用,强调多元主体共同参与,促进英语课程主体不断向前发展。

发展性评价与目标性评价、过程性评价相比,更加完善,更能有效促进评价主体的持续发展。

(二)发展性评价的多元特征

不论是评价的目标、内容、形式,还是评价的主体,都呈现出多样化。

第一,发展性评价的目标是多元的。

评价目标不仅仅限于知识和能力,同时关注情感、态度与价值观的形成。初中英语课程把教育目标定位为培养学生综合运用英语的能力,包括语言知识、语言技能、情感态度、学习策略、文化意识五个方面。

第二,发展性评价内容和形式是多元的。

由于评价目标的多元,导致评价内容和形式多元化。关于学生的一般性发展目标涉及跨学科的内容,主要采用形成性评价,比如成长档案袋、成长脚印等,对学生的成长进行长期的观察和积极的干预。关于学科发展目标,由于英语综合运用能力评价内容的丰富,要开发多元的评价工具,把记录、评语、档案、与综合口试、听力、笔试等手段相结合,全面地评价学生的综合能力,促进课程目标的达成。

第三,发展性评价的主体是多元的。

以往的评价主体主要以学生为主,发展性评价的主体包括教师、学生、文本等。评价过程是教师和学生共同民主参与、相互协商、交流合作和平等对话的过程。

(三)发展性评价策略

《义务英语课程标准(2011年版)》强调教学和评价应该紧密结合,评价要服务教学、反馈教学、促进教学。

第一，发展性评价体系的建构必须采用结合性策略。

结合性策略是指教学与评价相结合、形成性评价与终结性评价相结合、自评与他评相结合。教学与评价相结合关注的是学生在平时学习过程中对知识和技能掌握情况和所运用的学习方法，同时注重学生在学习过程中情感、态度、价值观的形成，注重评价的及时反馈和对教学的促进作用。形成性评价与终结性评价相结合是指既要关注结果，又要关注过程，将两者有机结合。自评与他评相结合使学生获取信息反馈的路径多元化，确保评价的公正性和客观性，学生能够更好地认识自己，反思自己的不足之处，促进学生不断向前发展。

第二，发展性评价要采取针对性策略。

该策略注重评价方法的可操作性、科学性和有效性。根据不同年龄阶段的学生的选择不同的评价方法，根据学生个体差异性使用不同的评价方式，从而使评价行之有效、落到实处。例如，初一的学生心理特征还和小学生相似，渴望得到教师的表扬，乐于表现自己，形成性评价可使用积分制，积分达到一定程度可奖励一些小奖品、表扬信或是小奖状等，这样能够很好地激发学生的学习积极性，但到了初二或初三，这种方法就不太适合了，这时候可以利用孩子的好胜心开展小组竞赛等评价形式。

布朗和胡德森对现代外语教师评价提出了三个方面的要求。[①]

第一，在课堂教学方面，要求教师善于创设真实的语言情境，设计呈现有意义的教学活动；

第二，在学生能力培养方面，主张训练学生的思维能力和问题解决能力，培养学生的表达能力；

第三，在评价学生方面，鼓励用开放性评价和计分标准，注重学习过程和学习结果的评价，注重学生的课堂自我评价，及时反馈学生信息。

---

① 程晓堂.普通高中英语课程标准解读[M].北京:北京师范大学出版社,2007:107.

第九章　高中英语课程多模态教学实施策略

以建构主义课程理论、后现代主义课程理论为指导,通过英语实境、语境和意境多模态相结合,组织实施高中英语教学,激发学生学习英语的兴趣,切实提高英语课堂教学的效果,实现英语教学目标。

一、多模态英语教学

英语课程多模态教学是指英语教学过程中英语学习和英语表达都受到文化形态、语境形态、内容形态和表达形态等多中形态的影响,或是由这几个方面形态因素构成,才能完成英语教和学的任务。

具体地讲,文化形态是关键,决定着交际的传统、形式和技术,少了这一层面,情境语境就失去了解释的能力。

语境形态主要包含话语范围、基调和方式。

内容形态又包含意义层面和形式层面两块。意义层面涉及话语、概念、人际、谋篇等意义。形式层面涉及形式及关系,主要有语言、图像、声觉、感觉等形式,关系表现为互补性和非互补性。

表达形态包括语言和非语言两类。语言类自不用说,非语言类的主要借助于实验室、幻灯片、网络平台、投影、音响设备等手段实现。

为了更好地利用多模态理论,在英语教学中便于操作,对多模态整理分类,根据其性质和表现形式,将多模态转换为英语实境、英语语境、英语意境。

（一）英语实境教学

英语实境，即英语学习的真实情境，如图片、音乐、表演、话剧、多媒体等。在英语教学中，教师要创设与生活贴近的实际情境，培养学生用英语解决问题的能力。

英语实境教学以培养学生综合运用英语能力为终极目标，根据人的认知规律，以学生为中心，让学生融入英语真实情境之中，在实际运用中学习英语，自己建构知识并提高综合运用英语的能力。

在英语实境中，教师要鼓励学生开展合作式和探究式学习，用英语进行思维来主导行动，把语言和实际生活结合起来，以此来获得解决实际英语问题的知识和能力。

关于未来职业规划时，可以让学生以小组为单位，以采访的形式，畅谈自己未来的职业展望，并说说为什么喜欢这项职业。

教师要多创设英语实境，让学生在做中学，不断提高听说读写各项英语综合运用能力。值得注意的是，英语学习的最佳方法是贴近生活，即多给学生创造英语实境。

如，对于以后从事旅游专业的学生来说，除了掌握和旅游有关的专业术语之外，教师要多模拟一些国际酒店的实境，让学生在体验中运用专业英语知识，为未来打下基础。教师可以让学生模仿家庭的实际生活，改编并表演课文，这样不仅可以提高学生的课堂参与度，还能再现英语实境，让学生在体验生活中学习英语，提高能力。

（二）英语语境教学

英语语境，即语言所使用的环境，是人们在用英语这门语言交际时理解与依赖的各种上下文和主客观环境因素，如英语角、英语沙龙等。新课程大纲和课程标准明确指出，教师在教学中应侧重对学生实际语言运用能力的培养，对于语法和词汇知识不能过分强调。在英语语境教学中，教师要为学生创设合适的语境，只有在一定的语境中，才能激发学生学习英语的潜能，增加学习的主动性和积极性，学生才能真实地感受英语语境，更深刻理解教材内容并提高运用英语的能力。我国的传统教学模式只注重学生对词汇的记忆和语法的理解，而忽视了英语语境教学对学生的重要性,导致很多学生学了十几年的英语也开口难。因此,语境教学尤为重要。教师只有意识到语境教学对于学生的重要性,有意识地帮助学生增加兴趣,拓宽视野,才能克服课堂教学的局限性,为学生提供更适合他们的教学方式,使教学效果显著提高,从根本上帮助学生提供英语学习。在英语课堂实践教学中,教师要将课堂英语语境和课外英语语境结合起来,将课堂内容讲透,将课外内容作为教学资源进行整合。课堂上鼓励学生多说、多读、多写,课外还可以创办英语角,进行写作演讲比赛,举办英语沙龙等,鼓励学生课内外多使用英语,提高综合能力。

高中英语中一词多义的现象很是普遍,而学生普遍缺乏语言使用的环境,有些教师只让学生死记硬背词汇,导致很多学生对英语失去兴趣,觉得英语枯燥无味,甚至产生抵制情绪,这对英语学习很不利。根据认知规律,在教学过程中将抽象的知识具体化、形象化,这样才能有助于学习者形成感性认知。

(三)英语意境教学

英语意境是美学的一个范畴,指的是学习者将客观知识与主管思想融合的产物,如猜测、想象、音乐、练习等。将英语意境运用于英语教学中,有助于实现现代化英语教学,符合知识的认知规律,是素质教育的要求。在《诗格》中,唐代诗人王昌龄曾说"诗有三境":一曰物境,二曰情境,三曰意境。在学生思维能力训练过程中,意境是一个重要方面,教师要引导学生主动感知与观察,主动创设特定英语教学情境,为英语语言增加感情色彩。教师要鼓励学生积极思考,学会用语言情感去感受英语的意境,这为英语学习开辟了一片新天地。在英语意境中,要让学生在物境中得到意境的升华,陶冶身心,感受美的情操。

教师在实际英语教学中,要设计与教材内容思想相关的意境,启发学生用已有知识经验,思考、讨论教材主题思想,把握教材内涵。英语意境用于英语教学的核心是充分挖掘学生已有的知识经验并与教材主体思想联系起来。在教学实践中,往往会出现有些教材材料并不难,但学生理解起来很困难,有些教学材料很难,但学生理解起来并不困难的情况。这其中的原因就在于除了学生语言基础知识不同之外,如果学生缺乏材料背景知识,就会干扰他们对教材内容的理解。因此,教师除了关注学生的语言知识体系之外,还应关注他们对文化背景的知识面的拓展。例如,教师在上罗伯特·彭斯的《一朵红红的玫瑰》这首英语古诗时,首先要向学生讲授古英语一些词汇方面的知识,然后把握这首爱情诗的主题,让学生反复诵读,去体会诗人写诗时的心情,结合自己的联想,去感受这首诗的意境美。

(四)英语的实境、语境、意境相结合

英语教学在实施中,不仅是传道授业,还身兼审美教育的重任。英语实境、英语语境、英语意境之于英语教学,三者之间的关系层层递进,密不可分,有机统一在一起。在英语教学过程中,教师发挥学生的主体作用,积极主动创设合适的英语实境,在恰当的英语语境中,培养学生创新思维的能力,提高英语综合运用的能力。同时,将英语实境、语境、意境三者结合有助于提高学生学习的积极性,推动师生之间的相互交流和思维互动,使学习不仅仅是知识的获得,更是发挥人的创造力。在英语学习中,学生将自己熟知的已有的语言知识经验转换成语言运用能力,让学生学会运用自身语言和非语言知识来获取英语语言知识体系。三者结合,有助于学生将教材内容知识转换成文化交际意识,有助于调动学生学习的积极性和提高学习的效率。

在实际英语教学中,教师通过英语实境和语境将枯燥的英语知识传授变成学生对英语意境的把握,使学习过程变成一种快乐的学习体验,让学生在轻松愉快的氛围中,利用学生已有的知识经验,结合丰富的思维想象力,达到人格的完善,这也是英语素质教育追求的至真、至善、至美的最高境界。三境结合,不仅能使教师和学生(即教学主导和主体对象)之间能和谐统一,还能促进教师个人素养的提高,促进学生运用英语能力的提高,从而提高教学效果。

二、高中英语实境、英语语境、英语意境教学的理论基础

(一)建构主义课程理论

二十世纪六十年代瑞士著名心理学家皮亚杰为建构主义的代表人物,其主要学说被称为"认知结构说"和"发生认识论"。该学说认为知识是在个体与环境交互作用的过程中逐渐建构的结果。科恩伯格等人在皮亚杰认知结构说的基础上,进一步研究了认知结构的性质与发展条件等;斯腾伯格和卡茨等人强调在建构认知结构过程中个体主动性的关键作用,并认真地探索了在认知过程中如何发展个

体的主动性;维果斯基提出的"文化历史发展理论"便是典型的代表,该理论强调学习者所处的社会文化历史背景在认知过程中的作用,并创新提出了"最近发展区"的理论。"最近发展区"的理论指出,个体的学习是在一定的社会文化、历史背景下进行的,社会为个体的学习与发展提供重要支撑。[①]

建构主义理论的核心观点主要是以下四个方面:

(1)教学应以学生为中心,学生才是知识意义的主动建构者;

(2)知识应该是学习者借助于各种学习手段和资源,通过自身完成建构,而不仅仅是通过教师的传授而获得;

(3)教师不是传统的知识的灌输者而应该是学生建构知识的帮助者,教师要给学生鼓励,为学生努力提供各种教学资源;

(4)学习者的学习是一个建构知识的动态过程,而非静态,因此学习者要注意外在情境信息,构建当前知识意义。

在建构主义理论中,课程的核心是"情境、合作、会话、意义建构"。我们提出的"实境"来源于"情境","语境"来源于"合作、会话","意境"来源于"意义建构"。建构主义教学与情境教学一致,主张学习者把学习知识与一定的真实情境联系起来。建构主义认为,教学活动的设计要本着发挥学习者的主动性和建构性这一原则,在学习的过程中完成自身建构。总是与学习相联系的一定的社会文化背景即"情境"。

正如一千个人眼里有一千个哈姆雷特,建构主义较传统教学方法最大的不同在于不是以教师的"教"为主,而是以学生的"学"为主。每个个体对客观世界的理解都是不同的。因此,教学过程应该是学生在教师的帮助下,在已有经验的基础上,积极主动地加工知识信息,构建自己的知识,而不是教师向学生单纯地传递知识,学生消极被动地接受知识。在这一过程中,学生的知识结构是通过将自己的旧知识和新知识不断作用来调整的。建构主义认为主体、情境、协作和资源是促进教学的四个必要条件,并认为创设特定情境对于意义建构是重要的,二者密不可分。

(二)后现代主义课程理论

二十世纪六十年代,一股新的文化教育思潮即后现代主义课程理论在西方萌

---

① 倪娜.基于建构主义"支架"理论的初中英语写作教学研究[D].上海师范大学硕士论文,2012:6.

芽,美国的多尔、卡普拉等人为主要代表人物。他们对许多课程领域提出了自己独到的见解和看法。后现代主义课程理论探讨在后现代背景下,如何建构新的课程理论,以便摆脱现代主义课程理论对教育所造成的问题和弊端。后现代主义课程理论主要以哲学为基础,对现代主义课程理论进行了合理而深刻的质疑,对科学产生了深远影响。它的思想新颖而独特,涉及的问题往往和人类的生活息息相关。

后现代主义课程理论是以"概念重建"的思想为指导,将理论与实际紧密结合起来,探讨如何设置课程并注重人与人、人与自然之间的依附关系,建立了以混沌学和无限宇宙观为基础的后现代课程观。该观点认为现代主义课程中充满竞争性的学习环境和以死记硬背知识为主的学习方法不仅不能适应后现代主义社会的要求,反而伤害了教育,对此提出了批判,教育是激发学生学习而非直接灌输,因此强调必须让学生主导教学,改变传统的课堂关系,注重师生之间、生生之间相互关爱、相互分享、不断创新与尝试而获取知识。

后现代主义课程理论认为过程比结果重要,要注重学习的过程,尊重每个学习者的个体差异,注重新的经验和已有经验之间的联系,重构学校教育和经验教育的概念,反对只注重结果而不注重过程和情境的课程,反对教师只传授知识,提倡关注情境变化下教育中可能出现的问题,这与情境教学中提倡将教材、情境结合,提倡学生多用英语互相交流,提高学生实际运用英语的能力,注重过程的学习等观点吻合。

(三)张德禄的多模态理论

国内对多模态的研究起步比较晚,受西方多模态教学理论的熏陶,国内多模态理论研究主要是对多模态话语分析理论的研究,其中有代表性的是张德禄对多模态理论框架进行了开创性的探索。

其研究认为多模态理论框架主要由文化形态、语境形态、内容形态和表达形态这四个形态构成。其中文化形态是关键,决定着交际的传统、形式和技术,少了这一层面,语境就失去了解释的能力。语境形态主要包含话语范围、基调和方式。内容形态又包含意义层面和形式层面两块。意义指话语、概念、人际、谋篇等意义。形式层面分为形式及关系,主要有语言、图像等形式,关系表现为互补性或非互补性。表达形态包括语言和非语言两类,语言类自不用说,非语言类的主要借助于实验室、网络平台、投影、音响设备等手段实现。[①]

三、高中英语实境、英语语境、英语意境教学的程序

高中英语以实境作为基础,有了这个基础,教学才会产生语境,英语语境一旦形成,意境必然水到渠成。所以高中英语实境、英语语境、英语意境教学的程序设计必然要考虑这三者之间的关系,层层递进,逐步完成。

(一)英语实境的设计程序

教师在教学中要创设接近学生实际生活的英语实境,让学生在与实际情境的交互中学英语。英语实境的主要设计环节可以从以下几个方面去考虑:

1.钻研教材内容

教师要按照英语新课程标准,联系英语大纲和高考考纲要求,结合教学目标,仔细钻研教材内容。只有充分解读教材,才能把握教材内容的内涵,分清重点与难点。教师可以利用课件等多媒体手段及资源,丰富教材内容,使教材内容从枯燥变得生动、活泼,设计符合学生实际的教学内容。

如,讲有关木乃伊课文时,教师可以给学生放映关于木乃伊的电影中的片段,让学生能够更直观形象地了解埃及木乃伊,从而提高学习课文的兴趣。

2.课堂实境教学

在实际英语课堂教学中,教师要做课堂实境教学的组织者和引导者。教师要引导学生根据具体实境安排学生的学习活动,使全体学生在教师的指导下,积极主动地参与课堂学习。

如,在就高中是否该去国外留学这个话题讨论时,可以让学生分成两组来辩论,并列举理由,这样可以让学生真实地参与课堂教学,对教材内容主动思考,记忆更深刻。

3.教学评价优化

实境教学评价是基于真实的情境之下,学生运用必需的知识和技能完成某一

---

① 张德禄.多模态话语分析综合理论框架探索[J].中国外语,.2009(1):28.

特定的学习英语的任务,通过学习任务的完成情况,来评价教学效果。

这其中包含教师的教学效果和学生的学习效果两个方面。教师根据学生课堂的参与和表现,来评价课堂的实际效果;学生则根据自己对新知识把握的程度来评价自己课堂的实际学习效果,这是实境教学的根本目的所在。

(二)英语语境的设计程序

英语是一门语言,因此在教学中语境是不可或缺的一个部分。有了前面实境环节的设计铺垫,教师在创设英语语境时,可以从以下两个方面考虑:

1.丰富课堂语境

教师在钻研教材内容基础上,设置丰富课堂语境,点燃学生参与课堂活动的热情,激发学生学习英语的兴趣。教师可以根据教材的不同内容,设计相对的课堂语境,使教材内容灵活生动,提高课堂教学效果。课堂是英语教学活动主要活动场所,英语教学的关键应该是紧抓课堂教学。

如,每节课开始时都可以安排学生进行3~5分钟的讨论,并形成每日常规,学生可以谈论各种感兴趣的话题。也可以让学生表演课本中的话剧,提高课堂参与度,或者复述课文,进行对话,举办辩论赛,等等,丰富课堂语境教学。教师自己也应采用全英文授课,让学生在课堂上多听英语,加大英语语言输入,鼓励学生用英语表达,并补充英语文化背景、人文内涵等方面的相关信息,帮助学生增强英语综合能力。

2.延伸课外语境

教师除了加强课内语境的创设,也要尝试将英语学习延伸到课外。学习英语,光靠课堂45分钟是远远不够的,教师应多鼓励学生开展课外英语活动,将英语语境延伸到课外。

如,教师可以组织学生参加英文歌唱、英文短句表演、英语演讲或辩论比赛等活动,丰富学生的课外英语活动内容,增强英语的趣味性,让学生在轻松愉快的活动中提高英语水平。

鼓励学生开办英语角,师生之间、学生之间选择感兴趣的话题畅所欲言,提高学习用英语交流的能力,还可以举办各种英语社团,定期举办社团活动,要求学生积极参与互动,通过各种互动,提高学生英语的综合运用能力。

(三)英语意境的设计程序

英语意境是建立在基础语言知识和技能的基础上,学生对英语的一种情感方面的升华,是一种美的体验。

教师应从以下两个方面去设计英语意境:

1.构建妙趣横生的意境

在实际课堂教学中,教师要有意识地结合教材内容,构建妙趣横生的意境,吸引学生课堂的注意力,这样不仅能使学生很快进入学习,主动参与课堂学习,还能开发学生思维,活跃课堂气氛。

如,教师在上狄更斯经典小说时,可以用图片等形式对英国著名作家狄更斯做简要介绍,并介绍他的其他著作,如《雾都孤儿》《双城记》等学生耳熟能详的作品,激发学生对课文内容的兴趣及探索知识的好奇心。

2.引发无限遐想的意境

教育家斯普朗格认为,教育的目的不仅是文化传递,而是唤醒一个人的善良的心。[①]因此,教师在英语教学中,不仅仅是单纯地传授语言文化知识,更多的是通过创设引发学生无限遐想的意境,来激发学生主动积极思考联系,把学生个体创造潜能发挥出来,唤醒学生的生命感、价值感。教师可以围绕教材内容,导入有趣意境,将学生带入课文主体思想之中,让学生运用自己的能力去联想感知,活跃思维。

四、高中英语实境、英语语境、英语意境教学的实施策略

(一)高中英语实境教学实施策略

1.以生活展现英语情境的实境教学

在英语教学中,教师应结合教材内容,创设与学生息息相关的生活情境,这样

---

① 于凤银.非连续性教育:人的生存领域的教育[J].哈尔滨学院学报,2008(1):137.

能充分激发学生英语学习的兴趣。教师组织学生积极参与课堂学习,应该设计贴近学生实际的教学活动。学生对与自身生活相关的事物很感兴趣,因此在英语实际课堂中以生活展现英语情境教学,可以拉近英语与学生生活之间的联系,让学生在感受美好生活的同时认真学习英语。如,教师在引领学生了解课文中英国的特点时,也可让学生结合自己高中生活实际,口头或书面表达并对比中国和英国高中的异同,提高学生综合运用英语的能力。在高中英语教材中,很多话题都与我们的生活息息相关,英语教师可以充分利用这一点,在课堂中创设贴近学生生活的英语情境,提高课堂教学质量。

2.以实物演示英语情境的实境教学

用实物演示英语情境教学是最为直观的一种教学方式,将抽象实物具体化,给学生很直观的形象,这样可以充分利用学生的感观,加深对知识的理解记忆。直观的实物演示让学生将直观形象与抽象思维结合起来,可以吸引课堂中学生的注意力,从而加深对文本内容的印象。如,在上关于药的不同形状的课文时,教师可借助于实物,给学生直观呈现药的胶囊、丸、粉末等不同形状,从而让学生对这一类英语专业词汇记忆深刻。

3.以图画再现英语情境的实境教学

图画也是一种直观的教学方式,它可以活跃课堂气氛,使英语课堂教学内容更加形象化,提高课堂效率。教师在讲解枯燥课本知识时,结合生动形象的图画,可以激发学生的兴趣,活跃学生思维,让学生在轻松愉快的气氛中快乐学习英语。如,教师在上关于"奥运会"的课文时,可以多向学生展示关于奥运会的图片和视频,让学生能够在欣赏图画的同时,体会观看奥运会比赛的感受,并掌握与奥运会有关的重点词汇。教师在上有关非洲内容的课文时,也可以用图片向学生展示非洲的地理人文风貌,让学生更直观形象地对非洲有所了解,增强对课文学习的兴趣。

(二)高中英语语境教学实施策略

1.以音乐渲染英语情境的语境教学

英语教学辅以音乐,学生在聆听优美的音乐的同时,可以利用自己的感观融入快乐轻松的学习氛围中,感受英语学习的魅力。音乐有着自己独特的旋律,英语情境教学中融入音乐,可以将学生带入音乐特有的意境中,学生在感受到音乐美的同时,领悟语言美。对于英语的初学者来说,学唱英文字母歌和数字歌都是很好地学习26个字母和1~10个数字的途径。例如,英语教师在教定语从句时,让学生在倾听相关音乐的同时,找出歌曲中运用定语从句的地方,加深对定语从句的认识和理解,并提高对定语从句这一重点高中英语语法知识点的掌握。

2.以表演体会英语情境的语境教学

在高中英语教学中,教材内容很多比较枯燥,一味照本宣科的教学模式,学生必然索然无味,提不起对英语的兴趣。因此,教师要以教材内容为依托,让学生自主表演,将学生带入英语学习的情景之中,自己去探索学习英语的快乐。如,在上课本剧时,通过分组去表演课本剧,这样学生在表演的同时,可以体会课本内容的内涵,活跃课堂气氛,激发英语学习兴趣,提高自己口语表达的能力。

3.以语言描绘英语情境的语境教学

语言分为口头语言和肢体语言两种,在英语教学中,教师要善于将两者结合运用于课堂教学中。英语口语表达能力是高中生英语综合运用能力的重要表现,在实际教学中,教师要多给予学生肯定和鼓励,鼓励学生多开口用英语表达自己的观点,并让学生有信心。在每个单元中,有许多话题是可以让学生自由去表达的,教师也可以将学生分组讨论再自由发言,也可以每堂课前5分钟设置一个讨论,让学生就自己感兴趣的话题用英语表达出来,并请其他同学做出点评,长此以往,学生的英语口语表达能力可以得到提高。

除了英语口语表达能力以外,教师要善于用自己丰富的肢体语言去描绘课堂教学,让学生感受到教师教书的激情,从而点燃他们内心对学习的渴望。教师也可以设定特定英语情境,让学生运用自己的肢体语言,去表现某个英语情境,增强英语学习能力。

4.以模拟展现英语情境的语境教学

情境模拟对于英语教学有着重要意义。它的特点是能让学生在小组合作、自我探究的过程中加强对英语的兴趣,在学生的英语学习和英语的实用性之间架起桥梁。例如,就普职融通旅游管理专业的学生来说,可以让学生模拟国际酒店的情境,运用旅游管理的专业英语知识来提高他们对英语学习的重视。在讲有关急救知识时,可以让学生模拟急救现场情境,了解关于急救的必备知识,在模拟英语情境的同时提高英语运用能力。

(三)高中英语意境教学实施策略

1.以想象展现英语情境的意境教学

学习最终的目的不只是基础知识的积累,更重要的是能激发学生思维和想象能力。英语教师要鼓励学生用英语来表达自己的思维,善于创设特定情境,激发学生的想象力。设计一些问题,每个学生都可能有不同的回答。通过这些问题的设计,可以让学生联想明日的世界会是什么样子,激发学生的求知欲,从而导入课文内容的学习。

2.以推理展现英语情境的意境教学

推理是学生思维能进一步提升的表现,如能用推理展现英语情境教学,可以激发学生自己主动积极地思考,让教学效果事半功倍。如,教师向学生讲解如何读报纸类文章的阅读策略,让学生根据报纸文章的标题去积极思考,推理文章的大概内容,这样有助于帮助对报纸文章内容的理解。

五、高中英语实境、英语语境、英语意境教学管理的实施策略

关于英语实境、英语语境、英语意境教学在高中英语中的实施要求,首先要有正确的教师角色定位,其次是学生主体价值的发挥,最后要注意英语的交际性特征和情景教学法在实施过程中的评价策略的转变。

(一)教师角色定位转换

教师是情境教学中情境的创设者。在教学中教师扮演着重要角色,情境创设在课堂上运用成功与否关系着实际课堂效果。在上课前,教师必须仔细研读教材内容,抓住教材内容的重点和难点,花费大量的时间和精力去设置实际课堂英语情境,考虑诸多课堂主客观因素,还要探究教材内容与学生认知水平之间的联系,

考虑全班不同学生认知能力的差异,并要能创设吸引学生兴趣的英语问题情境,保证全体学生参与课题学习,发挥学生思维的主观能动性,调动学生学习英语的热情。

教师也是课题教学情境问题的引导者。教师在课堂上创设的英语情境难度不一,学生认知水平也有差异,教师要善于在课堂上引导学生主动探究问题情境,在自己已有的知识经验基础之上,建构新的知识经验。教师要设置合适的问题情境,引导学生主动思考问题,还要为学生在课堂上答疑解惑,组织学生进行课堂学习活动,启发学生思维能力,激发学生潜能。在学生出现疑难问题时,要鼓励学生,给学生信心,引导他们朝着正确的方向思考,增强英语学习能力。

教师还是情境创新的促进者。适合学生情境的创设绝非易事,教师要将现实生活情境和教材内容结合起来,不断探索适合学生实际的教学模式,这也对教师自身教学素养提出了很高的要求。教师不能完全依赖教材内容,也不能脱离教材内容去创设英语情境。

(二)学生主体价值的发挥

在英语教学中,学生是主体,教师只能占主导作用。学生在传统的英语教学中没有积极主动地参与英语学习,只能被动地接受知识,不能充分发挥其在学习中的主体作用。英语实境、英语语境、英语意境教学打破传统教学法的束缚,力求借助于各种教学手段,通过教师创设良好的英语情境,点燃学生学习英语的激情,激发学生学习英语的兴趣,让学生自主学习,得到知识的积累和能力的提高,继而情感实现升华等。

只有学生参与课堂教学,有较强的自我学习动机和动力,学生的主体价值才能得以发挥,这也是学生发展个性、提升综合能力的体现。在英语情境教学中,学生要主动观察,积极思考,通过交流、合作、反思等方式,结合具体生活情境,发展自己的英语知识与技能。例如,在学习有关父亲和儿子的内容时,除了让学生把握课文基本内容,即父亲在儿子心目中的高大形象外,要求学生口头表达自己的父亲或者用写作的方式写下自己的父亲,也可以用写信给父亲的方式来抒发学生对父亲的爱。这样可以让学生结合自己的实际情况,主动参与课堂实际教学。

（三）突出语言交际性特征

高中英语新课程标准明确提出,在英语教学中,要体现英语的交际性的特征。在英语实境、英语语境、英语意境教学的实施中,要按照交际、对话及合作的过程来实施。英语情境教学法需要教师改变传统教学法中教师不断灌输式教学模式,创设不同英语情境,强调学生的主体参与,侧重于学生在学习的过程中主动探究知识并提高学生用英语交际的能力。

教师要根据学生的认知水平和生活实际,创设具体语言情境,加大学生语言知识的输入,在实际英语交流中提高英语运用能力。英语情境教学要求教师多创设一些英语情境,为学生尽可能多地提供交流机会,加强师生之间、生生之间的交流互动。通过交流的过程,学生会自发感知到学习英语的目的。教师要多为学生提供用英语交流的机会并给予他们充足的时间和空间来展现自己,鼓励学生将英语大胆说出来。对于平常不敢开口、内向胆小的学生,在平时课堂教学中应该更加多多关注,多给学生用英语表达的机会,充分体现英语语言特色,提高学生的英语交际能力。

（四）英语实境、英语语境、英语意境教学评价策略

1.评价遵循的原则

英语教师在实施教学评价时应将教学看作一个整体,在教学过程中采用不同的维度讲解知识,培养学生创新思维的能力。根据英语情境教学的维度划分,实施发展性评价策略应遵循以下三个方面的原则:

第一,整体性原则。

英语是一门包括听、说、读、写的综合性课程,因此,在教学中要特别重视整体性维度。英语是一门语言,要求学习者在一定的语言输入基础上,即能听会读,能有语言输出功能,会用英语来表达,具备一定的英语书写能力。听、说、读、写四大能力的相互联系和相互作用构成了语言的输入与输出。因此,英语语言本身就是一个整体,在英语情境教学评价策略实施过程中要高度重视这一整体性维度,保证学生各项能力的综合发展。

第二,多元性原则。

英语作为一门语言,不仅是词汇、语法、句型等方面知识的综合,和世界上的其他众多语言一样,还是人文知识、文化背景、历史地理等方面的体现。也就是说,我们学习英语时,学的不仅仅是字词和句型,更多的是要了解语言背后的内涵。教师将知识传递给学生时,由于每个学生的语言运用能力各不相同,学生在已有知识经验的基础上,运用自身能力对这些信息进行理解加工,肯定也会出现不同的结果。英语情境教学多元性维度最重要的一面就是图示理论的运用。如果学生在学习过程中缺乏图示理论,那信息把握能力就弱,反之,如果学生能掌握各种图示理论,那信息把握能力就强,能将知识转换为自己的东西。教师在平时的教学中,应多创设真实情境,给学生多穿插一些关于教材的背景文化知识,提高学生综合运用知识的能力。

第三,层次性原则。

英语情境教学不仅有多元性维度,还有层次性维度。在平时的英语教学中,教师要加深学生学习的深度,加强英语教学的层次性,为培养学生的创新能力打下坚实的基础。著名教育家布鲁姆提出的教育目标将认知领域分为"认知"和"认知过程"两个维度。教师在认知这个维度上要注重知识的概念性,侧重讲解概念背后的规律,而在认知过程这个维度上应要求学生对学习材料进行理解、记忆等。教师要提供丰富的情景教学,在教学中教会学生提炼重要的学习资源,并且用自己的能力将这些资源整合起来,为自己所用。

英语实境、英语语境、英语意境教学在评价策略实施过程中要改变过去只重结果评价的方式,重点突出过程性评价,采用"形成性评价""质性评价"等方式,来评价学生的学习过程。评价学生学习的过程,重点应放在学生对课堂活动的参与度上来。如,课前预习,评价学生有无按要求完成预习任务以及是否对上课内容知识的背景有一定的了解;课堂活动,评价学生能否独立有效回答教师的课堂提问或能否进行小组合作交流并完成课堂任务;课后作业,评价学生是否书写规范,是否独立完成作业,以及能否不断反思学习过程,能否总结自己的学习方法;学习成果,评价学生能否背诵英文课文,能否做好笔记,以及是否提高了阅读英文文章的能力。

2.英语实境、英语语境、英语意境教学的评价指标体系

为了便于评价的实施,可把英语实境、英语语境、英语意境教学评价策略量化

为指标体系，以便操作与推广。

一级评价指标有三个：

第一个一级指标是目标评价(权重0.3)：

(1)知识——词汇(10分)、语法(10分)、句型(5分)。

(2)能力——听(15分)、说(15分)、读(15分)、写(15分)。

(3)情感态度——积极(5分)、意志力(5分)、责任(5分)。

第二个一级指标是过程评价(权重0.2)：

(1)参与活动——主动(10分)、善问(10分)。

(2)合作交流——配合(20分)、助人(10分)、协作(20分)。

(3)体验体现——学习效率(10分)、自我反思(10分)、独立思考(10分)。

第三个一级指标是考核(权重0.5)：

(1)单元检测——单元试题检查(20分)。

(2)阶段检测——阶段试题检测(20分)。

(3)期末检测——期末试题检测(60分)。

通过学生自评、互评以及教师评的方法，根据学生的实际表现和成绩，对指标分值，从A、B、C、D四个等级给分。学生英语学习综合成绩，评价的3个一级指标体系均为满分(100分)。

学生英语学习总成绩计算：

学生英语学习总成绩=目标评价成绩×0.3+过程评价成绩×0.2+考核成绩×0.5

对总评等级是"有待提高"等级的，要经过补习、个别辅导，给一次补考机会，使其达到合格以上水平。

总评等级方法：

优(A)等：100～90分；

良(B)等：89～70分；

合格(C)等：69～60分；

有待提高(D)等：59分以下。

根据学生总体表现和成绩，教师还要写一个总体评语。

第十章　教师"课程领导"实施策略

"课程领导"这个概念来源于西方,在哈里·帕素的博士论文《以小组为中心的课程领导》①中首次出现,但当时并未引起人们的重视。到了1976年尤鲁发表的《课程领导的新内涵》,"课程领导"才以新的内涵面世,受到人们的注目,逐渐热起来,不仅如此,课程领导理论还逐步在学校组织内得到应用,并且卓有成效地促进了学校发展的划时代变革。

一、课程领导研究的发展

课程领导是指课程领导者通过自身的品质,诸如影响力与威信等,促进组织中全体成员交流与合作,共同致力于课程愿景的构建,在愿景指引下再通过对话与分享的方式互相学习,最终达到既落实课程发展又促进自身发展的目的的过程。教师课程领导是指由教师作为引领课程发展的主体组成的共同体,通过平等的、合作的、分享的方式,以实现课程发展、教师专业发展与学生学习品质提高的课程实施特性。

在一些国家传统的"课程管理"的概念已经消亡,被"课程领导"的术语所代替,"课程领导"成为当今教育研究与实务的一个新兴领域。②"课程领导的使用不仅仅是一种术语上的改进,更重要的是体现了一种民主、开放、沟通、合作的管理新理念。"③自管理走向领导,除了叫法上的更新外,其操作理念的创新才是最有借

---

① 汪菊.课程领导研究:一种综合的观点[D].上海:华东师范大学,2004:11.

② 钟启泉.从"课程管理"到"课程领导"[J].全球教育展望,2002(12):27.

③ 靳玉乐,赵永勤.校本课程发展背景下的课程领导:理念与策略[J].课程·教材·教法,2004(2):10.

鉴价值的。课程管理蕴含的是行政命令的传统理念,凭借其行政地位与权力向下级布置任务、发号施令,较少考虑基层的实际状况;课程领导与之相反,它强调各个主体协商、合作,更加符合我国新课程改革的精神。

课程领导是课程界针对课程中存在问题进行反思而出现的一个新的研究领域,再加上20世纪后半叶,哲学理论由现代到后现代思潮,课程理论由开发范式到理解范式,领导理论由转化式到分布式等,助推了课程领导研究的发展,在国外研究界出现了格拉索恩(美国)、迈克珀森(澳大利亚)等创立的"分享式课程领导理论",布鲁贝克(美国)创立的"创造性课程领导理论",亨德森(美国)、高尼克(美国)等创立的"革新型课程领导理论",利迈基(美国)、阿普尔(美国)等创立的"批判型课程领导理论"。与此同时,美国堪萨斯州开发了"课程领导模式",加拿大萨克其万省开发了"课程领导模式",澳大利亚昆士兰科技大学学者迈克珀森、布鲁克、艾利奥特等建构了"促进有效教学与学习的课程领导模式"。这些著名的研究成果,进一步深化了课程领导理论。

国内关于课程领导的研究,始于21世纪,发端于国外课程领导研究成果的介绍。其间经历了国外课程领导理论的翻译和引进,关于课程管理与课程领导关系的讨论,到对课程领导范围展开多视角的研究,其研究成果不断涌现,研究活动方兴未艾。

从课程领导研究发展史看,在20世纪后半叶,经历了要素确立期(50年代—70年代中期)、概念发展期(70年代中期—80年代初)、模式建立期(80年代初—90年代初)、实际应用期(90年代初期以后)等四个阶段的发展,逐渐形成了课程领导的研究范畴,如课程领导概念,构成要素、层次、类型、任务、功能、角色、模式、策略等,在这些领域取得了丰硕的成果。

二、课程领导理论

国内外学者对课程领导展开研究,经过长年的不懈努力,产生了众多课程领导理论,这些课程领导理论逐步在学校组织内应用,有效地促进了学校的变革和发展。

（一）分享式课程领导理论

该理论的代表人物有美国的格拉索恩和澳大利亚的迈克珀森、布鲁克、埃利奥特等。

该理论的内容包括：

（1）提出课程领导的四层次论并论述了各层次的职能。

这四个层次分别为州、学区、学校和班级。

其中，班级层次课程领导的职能包含四个要素：

第一，拟定全年教学活动安排表；

第二，拟定各单元的计划；

第三，充实课程与补救教学；

第四，定期进行课程评价。

（2）特别强调教师、学区领导者和学校管理者三者之间进行卓有成效的合作才是使课程领导发挥作用的保障与途径。

（3）为了实现能动分享式领导的目的，该理论强调设立由不同的机构组成的共同体。

（4）主张"分享"是课程领导的本质，即课程领导是教学共同体内部的分享行为。要充分发挥个体的能动性与积极性，与课程密切相关的主体都可以也应该成为课程领导者。

（二）创造性课程领导理论

该理论的代表人物是美国北卡罗来纳大学教授布鲁贝克，其代表作是1994年公开出版的《创造性课程领导》。

该理论的内容包括：

（1）创造性课程领导将内在课程看做是比较合适的课程变革模式，并且提出了"融入实践中的所有个体都应该是课程领导者，而不仅仅只包括处于领导位置的某个个体"的观点；

（2）指出课程领导的实践策略，包括以下四点：

一是不仅要注重构建个人与组织愿景，还需要通过特定方式把这两种愿景有机结合起来，使其方向具有一致性；

二是要加强学校共同体(包括领导共同体和学习共同体)的建设力度,在建设和运行学校共同体的过程中,良好的文化氛围是不可或缺的,它可以对目标的实现起到积极促进作用;

三是加强课程领导者优秀个人素质的培养;

四是不可忽视并且必须明确教师是创造性课程领导的角色。

(三)革新型课程领导理论

该理论的代表人物有美国肯特州立大学教授亨德森、霍索恩、高尼克,其代表作是《革新型课程领导》(亨德森,1995年),以及2000年、2007年出版的《革新型课程领导》的第二版、第三版(亨德森和高尼克合著)。

该理论的内容包括:

(1)通过对三种课程领导范式即"建构主义""课程智慧"与"规范化管理"进行对比,亨德森总结出了自己的观点。他认为达到革新型课程领导的较为理想的范式就是问题解决式的课程智慧,因为其具备四种关键性特征,这四种特征就是反思性特征、理解性特征、艺术性特征以及生态性特征。

(2)以学生为本与积极进行意义建构是课程设计过程中必不可少的两个方面。

(3)更新教学模式,建立行动反思型的教学模式,不断加强培养教师的创新能力与批判精神。

(4)主张评价指标多元化。

(5)重视文化的作用,塑造革新型组织文化以达到发展课程智慧的目的。

(四)五向度课程领导理论

五向度课程领导框架是学者余进利在借鉴学校领导五向度假说的基础上提出来的。他归纳出了五向度课程领导框架中每一向度的具体内容:结构领导、人际领导、政治领导、文化领导、教育领导。

(五)校长课程领导理论

通过文献分析,发现国外学者对校长课程领导的研究涵盖了内涵、重要性、角色任务以及提升策略方面。

托马斯·J.萨乔万尼将校长课程领导定义如下:为学校成员提供必要的支持,充实教师的课程专业知识和技能,发展优质学校教育方案,促进教师之间的交流与观摩,促使学校形成合作与不断改进的文化,最后把学校发展成为课程社群,达成卓越教育的目标。

阿兰·A.格拉特索恩指出,如果要让学生精通某个高品质的课程,那么,校长就必须在各个层次和全部的过程当中扮演积极的领导角色。

巴哈-奥伦斯坦和奥恩斯坦经过研究指出:形成自己对课程内容的个性化理解;协助教师理解课程真正的含义;以实质课程内容为基础,促进教师基础知识与基本技能的发展;鼓励教师自我反思,反思自身教学和行为两者之间是否具有一致性;加强了解宏观课程。这是提高校长课程领导有效性的五条重要策略。

(六)教师课程领导理论

格拉特索恩强调在学校课程的领导者中,教师是重要的一个群体。教师制订课程是基于两个方面的因素:一是考虑家长的建议,二是立足于学区的核心课程。

此外,为满足学习者独特的个性化需求,教师可以通过增加课程来填充由于学区制订课程不足而导致的空缺,与此同时,教师对课程施加影响的方式与方向是多种多样的,他们可以组建团队,以团队的形式共同制订学年计划,在学年计划的基础上,再制订更为微观的单元计划。

《发展教师领导者》是克劳瑟的重要代表作品。在这部作品中,他指出教师领导有其自身的独特性,是不等同于行政领导的,多元化是教师领导的一个特点,教师领导是可被观察到的并且真实存在的,权威理论是其进行领导的理论基础,可通过某些途径形成教师领导。

三、教师课程领导的实施策略

教师课程领导是以教师作为课程发展的领导者。教师课程领导是学校共同体发展的内在要求。它的提出能改变学校原有的领导方式。因此,应当把教师课程领导视为课程领导层次中的核心层次。

教师课程领导是以教师个体发展、合作式团队发展、组织发展为目的的一个过程,并以此提高教师课程实践能力,其终极目的是促进学生的发展。它反映教师在课程领导中打破壁垒、建立关系、整合资源而为提高课程质量做出的努力。

教师课程领导的主体是教师,或有教师背景的专业领导者,或既是教师又是领导者。在具体的领导实践中,教师领导者既可凭借正式职位,又可凭借专业水平,实施课程领导。

(一)教师层面课程领导的实施策略

1.要担当课程领导的角色

教师是课程意识的主动生成者、课程实施的引领者、教师专业发展的促进者、同侪教师的帮助者、学习共同体的营造者。教师要实现从传递者到创生者、从执行者到开发者、从预设者到生成者、从教书匠到研究员、从点菜谱到供菜谱、从灌输者到引领者、从独奏者到协奏者、从接受者到决策者等方面的角色转换。

2.自觉生成鲜明的课程意识

要通过学习,确立教师的现代课程观。通过对课程行为的哲学反思、对话、分享,提升教师的课程批判意识。通过多种课程实践,挖掘或开发校内外各种课程资源。

3.革新课程教学模式

第一,实施问题解决式的课程。亨德森和高尼克的革新型课程领导理论提出,实现革新型课程领导的理想范式是问题解决式的课程智慧。

第二,实施反思性探究课程。"重建学科标准"是课程领导的核心任务和根本挑战。"反思性探究"是联结实践反思与民主化课程的纽带。行动反思型的教学模式,有助于培养教师创新能力和批判精神。

第三,实施内在课程。内在课程是指学习情境中个体共同创造的经验集合,强调自我感知和个体意义。创造性课程领导理论将内在课程视为较为理想的课程变革方式。应批判外在课程过于强调管控的工具理性特征。

4.实施与开发课程

教师课程领导要寻找机会发现与其他教师之间的专业共识,利用专业知识和能力,委任一个工作给其他教师,并鼓励、带领、陪伴教师参与学校的课程实施与开发工作。在实施与开发过程中，了解教师的需求，安排相应的课程开发与专业成长活动，与教师教学经验相结合，改进教学实务，并提供咨询与指导，引导教师独立开展课程发展事务。

5.协助其他教师处理课程事务

教师应示范教学，深入课堂观察其他教师的教学，提供反馈，组织讨论，协助解决教学问题。要学会与其他教师交流、对话，协助解决或处理出现的问题、冲突及危机。作为知识管理者，要通过通讯媒体或网络信息平台向其他教师提供自己知识管理的具体做法。还应与同伴结成伙伴关系，学习并分享新的知识、经验，改进教学，促进自身的专业发展。与其他教师共建一个微型的学习共同体，共享问题的解决、支持与决策，共同为学生的终身发展着想。

（二）学校层面教师课程领导的实施策略

1.教师要积极生成课程领导智慧

智慧是人在活动中所表现出来的应对社会、自然和人生的一种综合能力系统。教师课程领导智慧的生成不是一蹴而就的，也不是空中楼阁，它深深扎根于知识基础、经验基础以及行为特征基础。知识的本质就是信息在人脑中的表征。教师课程领导智慧作为一种高超的课程实践才能，需要主体与客体在经历过数次信息交换后，不断形成新的知觉建构，进而转化为智慧的彩虹。教师课程领导智慧生成过程是螺旋式上升的过程，需要教师个体或群体在课程领导的实践中，不断尝试、反思以及总结成功和失败的经验，然后提炼经验升华为智慧。富有课程领导智慧的教师，其较为突出的特点就是富有创造力、观察力较强并且善于观察、敢于尝试、积极进行各种实践。

从教师课程领导智慧初级阶段到教师课程领导智慧实践阶段再到教师课程领导智慧形成阶段，是生成教师课程领导智慧所要经历的三个阶段。

第一阶段，在课程领导智慧初级阶段上，加强学习课程理论是重中之重。教师在学习课程理论时必须有所删减，去粗取精，着重把握顺应时代潮流的、与当下课程实践紧密联系的课程理论。教师要善于对自己的教学实践进行自我反思。反思可以使教师了解自己在教学上的优缺点，明晰今后努力的方向，积累成功的

经验,为教师课程领导智慧的生成打下坚实的基础;

第二阶段,首先,学校课程领导共同体需要支持教师课程领导实践,具体表现为为教师课程领导提供技术支持、营造有利于教师课程领导的内外部环境、提供形式多样的教师课程领导实践平台;其次,教师本人要提高自我效能感,经常进行积极的自我暗示与激励,提高克服困难的勇气与信心;最后,教师在将初级课程领导智慧应用到实践中时要具备一定的迁移能力。迁移能力就是将一个情境中学到的知识应用于新问题、新事件的能力。[①]

第三阶段,教师应及时反思与体悟课程领导实践的行为,结合课程利益相关者的反馈,及时调整课程领导行为。教师要有意识地将自己在前两步总结出的经验上升为理论的高度,这样有助于教师在复杂的课程领导环境下准确抓住现象背后的本质。

2.加强教师课程领导的培训

教师培训是提高教师能力与水平的重要措施。在加强教师培训的过程中,培训人员必须做到以下几点:

首先,强化顶层设计,细化实施方案,对教师培训的目标、过程、评价以及外部支持保障条件等都细化到岗、落实到位,切实提高教师培训效果。

其次,教师培训要以教师需求为本位,创新培训供给模式。始终坚持"从教师中来,到教师中去"的理念,切实满足教师需求,在创新培训供给模式方面积极借鉴国内外优秀经验。其中,美国的做法给我们提供了有益启示,他们不主张传统的培训形式,即教师像学生那样安静地坐在位子上,只负责听演讲,成为被动接受知识的容器,培训人员在台上滔滔不绝地演讲。相反,美国政府积极倡导教师培训"草根化",主张将教师的培训与真实的教学情境有机结合起来并把培训渗透到教育教学情境中去,主动下移培训重心,突出强调实现培训的有效性,让教师真正有所收获。

再次,建立健全教师培训长效机制,坚持做到以"建体系、创模式、搭平台、抓研训、保投入"为一体,以"培训、评选、奖励、研训、升位相结合"为策略,保证教师培训扎实推进,不落入形式主义。

最后,优化学校文化环境,实现教师培训迁移。也就是促进教师把在教师培

---

① 布兰思特.人是如何学习的——大脑、心理、经验及学校[M].上海:华东师范大学出版社,2002:23.

训中领悟到的"营养成分"积极在日常真实的教育教学实践中加以实施,并且经过不断地实践,探索出某一种高效率的实现应用的方法或途径。[1]教师培训迁移的程度不仅与教师个体的素质有关,还与学校管理方式、人际关系等学校文化软实力有密切的关系。

(三)文化建设层面教师课程领导的实施策略

1.营造合作共享的教师文化

建构主义思想认为不同个体之间相互的意见交流可以不断增进彼此的智慧在流动中增长。[2]教师课程领导属于一场文化变革,教师文化是教师共同的价值体系与行为规范的综合,是教师课程与教学生活的重要生态环境,对教师具有内在的约束力。[3]传统保守的教师文化不能适应教师课程领导的实践,因此,营造合作共享型教师新文化就有必然性。

合作共享型教师新文化的塑造,一方面需要教师在工作与学习上彼此开诚布公、精诚团结,既能做到公开、虚心接受别人的建议;又能对他人的思想行为及成果做出客观评价,提出中肯和具有操作性的意见和建议,另一方面依赖于每个教师个体精神境界的提高,教师可以通过参与各种文化建构活动提高自身的精神境界。

2.塑造民主自由的学校文化

学校文化是促进教师课程领导发展的积极因素,是提高教师文化自觉的外部保障。因此,学校不应该将自身与外界隔离开,而是应该以海纳百川的心态多渠道获取对学校发展的有力支持,在主流文化的基础上形成民主自由的学校文化。

塑造民主自由的学校文化必须坚持尊重差异、包含多样的原则,使学校文化呈现出百家争鸣而不是一枝独秀的状况。如何才能做到学校文化百家争鸣呢?

最主要的途径就是营造宽松的外部环境,让各种文化找到适合自己存在的土壤,在存在的基础上相互融合、互动与交流,最终实现多种文化都得到发展的共赢局面。

---

① 刘雪峰,王晓冰.培训转移研究的回顾与展望[J].管理科学文摘,2003(12):41-43.

② 赵永勤.马赛克文化抑或合作文化——课程领导转型与教师文化选择[J].教育发展研究,2007(6):65.

③ 熊鑫,钟兴泉.从自发走向自觉:促进教师课程领导的策略[J].教育与教学研究,2010(10):10.

其次,校园中各课程利益相关者应该践行新课程理念。校长需要简政放权,转变传统的基于科层权威的领导方式,强调道德领导;教师要树立现代学生观,认识到学生是发展中的人,是具有独立意义的人,努力建构民主的师生关系;学生要转变被动接受者的角色,提升自身的能动性,培养主体意识。只有各方都动起来才能创造出民主自由的校园文化。

此外,学校鼓励开展形式多样、丰富多彩的文化艺术活动,将教育与艺术渗透到师生课内外活动中,调动各方的积极性,加强合作与交流,培养师生民主、自由与合作的意识。

(四)人际环境层面教师课程领导实施策略

1.建立教师课程领导共同体

分享与合作是教师课程领导的应有之义与本质要求,并且这两种理念贯穿于教师课程领导实践的始终。在真实的教学实践过程中,教师的工作具有较强的复杂性与整体性,在这种背景下,教师若想只依据自己能力来完成这些复杂的工作,难度是可想而知的,即使教师最终凭借自己的努力而取得成功了,但工作的效率高不高、完成任务的质量高不高等都是很难保证的。因此,正如俗语"众人拾柴火焰高"所表达的意思一样,当今我们虽然强调个人能力的展现但是我们更强调团体合作的力量。在课程实践方面,我们也积极强调教师群体的合作以及由合作带来的能量。

教师群体之间进行合作需要有合作的媒介,为了保证合作的顺利进行并且提高合作的效率,让每一位教师都能贡献出自己的力量并能得到别人力量的帮助,我们需要建立一种开放的、包容的平台,在这种背景下,教师课程领导共同体就孕育而生了。

构建教师课程领导共同体的途径与方法是多种多样的,在实际操作过程中比较常用的方法就是根据教师执教的学科来构建教师课程领导共同体。与同学科的教师交流合作,可以充分利用网络资源,与全国在本专业有突出能力与水平的教师互相合作、取长补短。

此外,教师也可以根据所承担的具体的任务来建立教师课程领导共同体。当前进行校本课程开发是体现学校特色、促进学生个性化发展的一个重要举措,以校本课程开发为例,教师可依据在开发过程中承担任务的不同,构建出教师课程评价共同体以及教师课程设计共同体等多样化的教师课程领导共同体。

2.加强各级各类课程领导共同体交流协作

加强不同学科教师课程领导共同体交流合作。教师课程领导共同体因学科的差异在领导的内容与方式上会有所差异,有差异就会有借鉴的经验,不同学科教师课程领导共同体成员相互交流、相互借鉴,集思广益,会开拓教师思路,激发教师创造力。

加强教师课程领导共同体与校长课程领导共同体的交流合作。在课程领导的实践过程中,校长对于课程领导的理解可能比教师更加深刻全面,所以,在这种背景下教师应该积极主动地与校长进行广泛的全方位的交流与合作,通过交流与合作的过程来获得校长的引领、支持与帮助,这样才能使教师课程领导与校长课程领导之间能够互相取长补短、共同发展。

加强教师课程领导共同体与学生课程领导共同体的互动交流。教师课程领导的最终目标之一是促进学生的全面发展,因此让学生参与过程也是教师课程领导的内在要求。

在与学生课程领导共同体进行合作之前,有人可能会存在疑惑:学生是否有足够的能力进行课程领导呢?根据学者高德曼和纽曼所实施的"优质学生领导计划"①以及由此计划得出的结论可知,答案是肯定的,也就是说学生是有足够的能力进行课程领导的。因此,教师在课程领导过程中要充分尊重学生,广泛听取学生的建议,鼓励学生主动参与各种与课程有关的活动。

3.建立教师课程领导的长效机制

教师课程领导共同体在建立之后是否可以平稳运行、是否可以取得预期的效果以及能否长久地坚持实行下去是课程利益相关者比较关心的问题。为了打消多方面课程利益相关者的顾虑与担心,同时为了真正高效率地发挥教师课程领导共同体的作用,建立教师课程领导的长效机制就成为解决问题的核心措施。

教师课程领导长效机制应该包括动力机制、践行机制、引领机制和保障机制四个方面。这四个方面承担着不同的任务,虽然它们的作用不尽相同,但是它们

---

① 钟智.构建学校课程领导共同体研究[D].上海:华东师范大学,2006:37.

的重要性是一致的,所以我们不能顾此失彼,而应当促进这四者协调发展。

在动力机制方面,应当加强两个方面的建设:第一,就是加强环境文化建设。这种精神方面的措施可以转化为教师强大的动力,使教师由被动参加转化为积极主动加入。在教师主动性得到发展的同时,教师更乐意交流、分享,也更愿意积极探索。第二,就是积极促进课程实施由忠实取向转向创生取向。这要求教师充分发挥主观能动性,仔细研究分析学习者的特点、自己本身的特点与学校的特色等多方面的因素,将这些因素与课程实施结合起来,在课程实施过程中融入自己的理解,从而实现课程实施取向的转变。

在践行机制方面,首先,进行全面、客观、科学的自我评价是教师个体必须要完成的。在这个过程中,教师会对自己形成准确的自我判断,比如了解自己的长处与短处、掌握了自己的性格特点与气质特征等。通过这种分析,教师才能有针对性选择最符合自己特点的课程领导类型,才能在适合自己的课程领导类型中将自己的能力发挥得淋漓尽致。其次,教师集体要充分利用现代网络信息技术的成果,如利用微信、微博等,不断开辟出灵活多样的信息交流渠道,通过完善这些便捷的沟通渠道来加强信息的沟通交流以及优秀经验的分享推广,使集体的力量与智慧得到发挥,而且只有通过这种方式才能够有效地降低或避免教师课程领导行为的盲目性和低效性;

在引领机制方面,学校情境的一个显著特点,就是多群体共存。教师仅是学校中的一种群体,因此,教师课程领导若想发挥其价值就需要加强同其他课程利益相关者的合作与学习。其中,对教师课程领导能够进行最有效引领的当属校长课程领导。校长课程领导的意识和能力不仅关乎学校的改革发展进程,还极大地影响着教师课程领导的实施与成效。①

在保障机制方面,最主要的措施就是提供物质保障。首先,教育部门及学校要完善提高教师的工资和福利待遇机制。教育事业是我国的基础性事业,是加速我国现代化建设的重要条件,因此教育的作用是不言而喻的。教师是学校教育的主要实施者,理论上讲,教师与教育应该具有相同的重要性,然而,在现实中侵犯教师权利的现象时有发生,其中主要就是涉及教师的工资和福利待遇问题。由此可知,切实提高教师的工资和福利待遇不仅会对教师的基本生活起到保证作用,尽量减少教师对物质方面的担忧,还能提高教师参与课程领导的积极性,使其注

---

① 鲍东明.从"自在"到"自为":我国校长课程领导实践进展与形态研究[J].教育研究,2014(7):28-36.

意力集中到课程领导的具体环节之中,有效地将自己的优点展现出来。其次,就教师课程领导本身而言,经费短缺或没有经费保障是制约学校教师课程领导顺利进行的突出问题。若要解决这一问题,不仅需要各级政府持续加大专项经费投入,还需要在充分调研的基础上,因地制宜地建立学校教师课程领导的经费分摊机制,明确政府、学校和教师个人应承担的比例,运用制度化的手段确保教师课程领导所需的经费投入。

后　记

　　课程实施涉及"贯彻""完成""履行"等。实施的对象显然是新的课程改革措施、课程方案等。因此,对课程实施的理解是将课程实施看做是将革新思想转变为实践的过程。它不同于采用某项改革(决定使用某种新的东西)。实施的焦点是实践中发生改革的程度和影响改革程度的那些因素。

　　基于这一理念,将中小学学科中关于课程模式理念策略、课程内容选编策略、课程国外内容选编策略、语文隐形课程内容选编策略、小学语文作文仿写教学策略、小学语文课程作业系统设计策略、小学英语课程情境教学、初中英语课程生态教学策略、高中英语课程教学策略、教师课程领导策略等作为本书的内容。中小学学科课程内容很多,限于研究的规模,仅仅对上述诸方面新的课程理念、课程策略、课程方案进行探索。由于作者视野、水平和能力所限,疏漏之处在所难免,敬请读者不吝赐教。

　　在此需要说明的是,本书介绍了不少课程实施的新探索,多数是西方国家部分学者的研究成果。对此,希望读者朋友能够保持清醒的头脑,不盲目迷信,不全盘照抄,而是首先要持有批判的态度,要剔除糟粕,吸取精华,为"我"所用。近年来我国中小学某些学科回归"统编"教材,这属于新事物新现象,有特别的背景,也有特别的用意,笔者将另撰文予以深入研究。

　　本书是江苏大学教学改革与研究重点项目"教师教育课程论课程研究性教学的实践和探索"课题的研究成果。

　　在本书写作过程中,左宏伟、魏玮、施灵美、沈欣欣、徐文蒂、陈紫茹、王文琦、解现艳、周芸、孙运虎等搜集资料,并帮助整理文字。特此致谢。

　　在本书写作研究过程中,参考、借鉴国内外相关研究者的观点、结论或成果,凡所援引,尽可能在书中进行了注解,在此表示感谢。有些文献的原创者已经很难查清楚,若有遗漏,欢迎提供线索。

在本书出版过程中,得到了安徽师范大学出版社相关同志的帮助,也得到了江苏大学社科处和江苏大学教师教育学院的大力支持,在此表示感谢。

高有华

二〇一九年九月十日